복잡한 상황을 한 문장으로 표현해야 하거나 누군가에게 조심스러운 말을 해야 할 때 어떻게 말을 꺼내야 할지 난감할 때가 있을 거예요. 이럴 때 속담을 사용해 보세요. 하기 어려운 말이나 듣기 싫은 말도 은근슬쩍 속담을 통해 전달하면 간결하고 재치 있게 표현할 수 있으며 듣는 사람도 유쾌해져요.

"너는 친구한테 함부로 말하고 ～～～～～～～～면서 친구의 친절을 기대하면 안 되지. 너부터 친구～～～～

이런 말보다

"가는 말이 고와야 오는 말이 고운 거야."

같은 의미라도 한마디의 속담이 더 여유롭고 맛깔스럽게 들립니다. 속담 한마디가 우리 마음에 더 와닿는 이유는 무엇일까요? 그 이유는 속담이 옛날 사람들의 오랜 경험으로 만들어진 지혜로운 말이기 때문이에요. 한 문장의 속담을 사용하면 잔소리처럼 들리는 긴말이 필요 없을지도 몰라요. 또한, 직접적으로 말할 때보다 더 유연하고 부드럽게 전달할 수 있을 거고요.

말을 하거나 글을 쓸 때 속담을 맛있는 양념처럼 활용해 보세요. 때로는 열 문장으로 구구절절 말하거나 쓰기보다 속담 한 문장이 전하고자 하는 내용을 더 힘 있게 전달할 수 있어요. 자신의 생각을 재치 있고 효과적으로 전달할 뿐만 아니라 다른 사람의 공감을 기분 좋게 얻을 수 있는 강력한 방법이거든요. 시의적절한 속담 한마디로 천 냥 빚의 궁지에서 재치 있게 벗어날 실마리도 찾을 수 있을 거고요.

그러기 위해서는 상황에 알맞은 속담을 다양하게 알고 있어야 해요. 다양한 속담을 배우기 위해 읽고 외우면서 속담을 공부해야 할까요? 상상만 해도 지루하고 재미가 없지요? 조상들 삶의 지혜가 담긴 재치 있는 속담은 놀면서 배워야지요. 실생활에

적용하면서 아주 자연스럽고 재미있게 익히도록 말이에요. 『놀면서 배우는 초등 필수 속담』에는 엉뚱하지만 귀엽고 깜찍한 캐릭터들이 등장해요. 그리고 우리 친구들이 자주 겪는 평범하고도 일상적인 이야기들도 소개하지요. 이 책은 속담이 일상생활 속에서 어떻게 활용될 수 있는지 짧지만 재미있는 만화 속에 녹여서 알려 주고 있어요.

『놀면서 배우는 초등 필수 속담』으로 초등학생이 꼭 알아야 할 필수 속담을 재미있게 익혀 보세요. 매일 하나의 속담을 차근차근 익힌다면 우리 친구들에게 값진 어휘 재산이 쌓이게 될 거예요. 그리고 익히는 속담과 맞아떨어지는 나의 경험도 떠올려 보세요. 배운 내용과 나의 경험을 연결 짓는 사고력과 어휘력을 기를 수 있을 거예요. 더불어 조상들의 지혜로운 비유도 익힐 수 있을 거고요.

다른 사람과 대화를 나눌 때도 이 책에서 소개하는 속담을 활용해 보세요. 더욱 명료하고 효율적이며 유쾌한 대화를 할 수 있을 거예요. 매일 속담 한 문장으로 글쓰기와 말하기 실력까지 높일 수 있다니, 그야말로 '꿩 먹고, 알 먹기'지요? 그렇다면 지금부터 말과 글을 풍성하게 만드는 마법, 속담의 세계로 여러분을 초대합니다!

– 하유정(초등 교사, 유튜브 '어디든학교' 운영)

시작하기 전에 이것만은 꼭!

☑ 가급적 아이와 '함께' 이 책을 활용해 주세요. 그러면 아이는 주 양육자와의 공부 시간을 즐거운 추억으로 기억할 수 있게 됩니다.

☑ 시간에 쫓기지 마세요. 다만, 공부 시간을 규칙적으로 확보해 주세요. 시간에 쫓기며 하는 것보다는 여유로운 마음으로 해야 공부도 더 잘됩니다.

☑ 빨리할 때 칭찬하지 말고 열심히 할 때 칭찬해 주세요. 아이가 '빨리'보다는 '열심히'에 강화될 수 있게 해 주세요. 공부의 기초를 다지는 초등 시기에는 신속성보다 정확성이 더 요구됩니다.

☑ 한 번에 많이 하는 것보다는 꾸준히 오래 하는 것이 훨씬 중요합니다. 조금씩 하되, 꾸준히 오래 하여 끝맺는 습관은 아이의 공부 습관의 토대가 되어 줍니다.

차례

함께 속담을 공부할 친구들

뭉식　　　유자　　　라미　　　보리　　　콩　몽　　　레오

이 책의 활용법

『놀면서 배우는 초등 필수 속담』은 이런 책이에요.

어린이들이 반드시 알아야 할 필수 속담을 한 권에 모았습니다. 하루에 10분씩, 일주일에 5일, 10주 간 50개의 속담을 공부하며 국어 공부의 기본인 표현력, 어휘력, 독해력을 기를 수 있습니다.

처음부터 끝까지 흥미를 잃지 않고 재미있게 속담을 배울 수 있는 7단계 학습법!

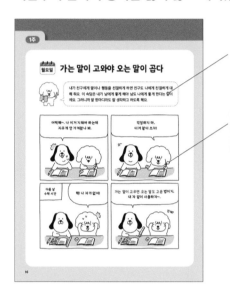

1단계
이 속담은 언제 어떻게 쓰일까요? 사전적 의미를 알아봅니다.

2단계
유쾌 발랄! 뭉식이와 친구들이 등장하는 재미있는 만화를 보면서 속담이 일상에서 어떻게 쓰이는지 알아봅니다.

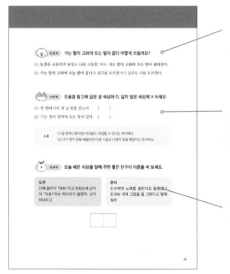

3단계
배운 속담이 문장에서 어떻게 활용되는지 읽으면서 표현력 을 키웁니다.

4단계
비슷한 속담과 반대 속담 찾기, 비슷한 사자성어 찾기 등 간단 한 문제를 풀며 어휘력을 넓힙니다.

5단계
짧은 글을 읽고 질문에 답하며 독해력을 향상시킵니다. 다 양한 형식의 글을 접할 수 있습니다.

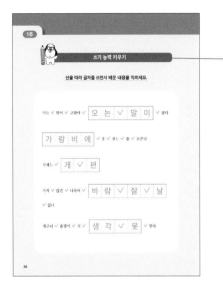

6단계

일주일 동안 배운 속담을 직접 따라 쓰면서 완벽히 내 것으로 만듭니다.

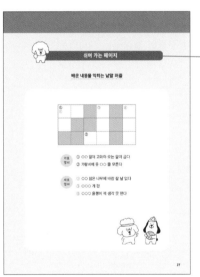

7단계

가로세로 낱말 퍼즐, 미로 찾기, 초성 퀴즈 등 재미있는 놀이를 통해 배운 내용을 한 번 더 복습합니다.

보너스 부록

QR 코드를 스캔해 이 책의 답안지를 다운로드 받으세요.

최고 멋쟁이 _____ (이)의
한 권 끝 계획표

- 총 50일, 이 책을 공부하는 동안 아이가 사용하는 한 권 끝 계획표입니다. 하루 10분, 날마다 적당한 분량을 공부할 수 있도록 2쪽으로 구성했습니다.

- 한 권 끝 계획표를 사용하기 전, 가장 먼저 상단 제목 빈칸에 아이가 직접 자신의 이름을 쓰도록 지도해 주세요. 책임감을 기르고 자기 주도 학습의 출발점이 됩니다.

- 아이가 한 권 끝 계획표를 야무지게 활용할 수 있도록 다음과 같이 지도해 주세요.
  ❶ 공부를 시작하기 전, 한 권 끝 계획표에 공부 날짜와 쪽수를 씁니다.
  ❷ 공부 날짜와 쪽수를 쓴 다음, 공부 내용을 스스로 확인합니다.
  ❸ 책장을 넘겨서 신나고 즐겁게 그날의 내용을 공부합니다.
  ❹ 공부를 마친 후, 다시 한 권 끝 계획표를 펼쳐 공부 확인에 표시합니다.

- 한 권 끝 계획표의 공부 확인에는 공부를 잘 마친 아이가 느낄 수 있는 감정을 그림으로 담았습니다. 그날의 공부를 마친 아이가 ⭐ (신남), 🖤 (설렘), 😊 (기쁨)을 살펴보고 표시하면서 성취감을 느낄 수 있도록 많이 격려하고 칭찬해 주세요.

1주	공부 날짜		공부 내용	쪽수	공부 확인
월요일	월	일	가는 말이 고와야 오는 말이 곱다	쪽	⭐ ❤️ 😊
화요일	월	일	가랑비에 옷 젖는 줄 모른다	쪽	⭐ ❤️ 😊
수요일	월	일	가재는 게 편	쪽	⭐ ❤️ 😊
목요일	월	일	가지 많은 나무에 바람 잘 날 없다	쪽	⭐ ❤️ 😊
금요일	월	일	개구리 올챙이 적 생각 못 한다	쪽	⭐ ❤️ 😊

2주	공부 날짜		공부 내용	쪽수	공부 확인
월요일	월	일	공든 탑이 무너지랴	쪽	⭐ ❤️ 😊
화요일	월	일	구슬이 서 말이라도 꿰어야 보배	쪽	⭐ ❤️ 😊
수요일	월	일	굼벵이도 구르는 재주가 있다	쪽	⭐ ❤️ 😊
목요일	월	일	까마귀 날자 배 떨어진다	쪽	⭐ ❤️ 😊
금요일	월	일	꼬리가 길면 밟힌다	쪽	⭐ ❤️ 😊

3주	공부 날짜		공부 내용	쪽수	공부 확인
월요일	월	일	꿩 먹고 알 먹기	쪽	⭐ ❤️ 😊
화요일	월	일	남의 손의 떡은 커 보인다	쪽	⭐ ❤️ 😊
수요일	월	일	낮말은 새가 듣고 밤말은 쥐가 듣는다	쪽	⭐ ❤️ 😊
목요일	월	일	내 코가 석 자	쪽	⭐ ❤️ 😊
금요일	월	일	닭 쫓던 개 지붕 쳐다보듯	쪽	⭐ ❤️ 😊

4주	공부 날짜		공부 내용	쪽수	공부 확인
월요일	월	일	도둑이 제 발 저리다	쪽	⭐ ❤️ 😊
화요일	월	일	돌다리도 두들겨 보고 건너라	쪽	⭐ ❤️ 😊
수요일	월	일	뛰는 놈 위에 나는 놈 있다	쪽	⭐ ❤️ 😊
목요일	월	일	마른하늘에 날벼락	쪽	⭐ ❤️ 😊
금요일	월	일	말 한마디에 천 냥 빚도 갚는다	쪽	⭐ ❤️ 😊

5주	공부 날짜		공부 내용	쪽수	공부 확인
월요일	월	일	목마른 놈이 우물 판다	쪽	⭐ ❤️ 😊
화요일	월	일	못 먹는 감 찔러나 본다	쪽	⭐ ❤️ 😊
수요일	월	일	물에 빠진 놈 건져 놓으니까 내 봇짐 내놓으라 한다	쪽	⭐ ❤️ 😊
목요일	월	일	믿는 도끼에 발등 찍힌다	쪽	⭐ ❤️ 😊
금요일	월	일	밑 빠진 독에 물 붓기	쪽	⭐ ❤️ 😊

6주	공부 날짜		공부 내용	쪽수	공부 확인
월요일	월	일	바늘 도둑이 소도둑 된다	쪽	⭐ ❤️ 😊
화요일	월	일	발 없는 말이 천 리 간다	쪽	⭐ ❤️ 😊
수요일	월	일	방귀 뀐 놈이 성낸다	쪽	⭐ ❤️ 😊
목요일	월	일	백지장도 맞들면 낫다	쪽	⭐ ❤️ 😊
금요일	월	일	벼 이삭은 익을수록 고개를 숙인다	쪽	⭐ ❤️ 😊

7주	공부 날짜		공부 내용	쪽수	공부 확인
월요일	월	일	병 주고 약 준다	쪽	⭐ ❤️ 😊
화요일	월	일	소 잃고 외양간 고친다	쪽	⭐ ❤️ 😊
수요일	월	일	수박 겉 핥기	쪽	⭐ ❤️ 😊
목요일	월	일	아니 땐 굴뚝에 연기 날까	쪽	⭐ ❤️ 😊
금요일	월	일	어물전 망신은 꼴뚜기가 시킨다	쪽	⭐ ❤️ 😊

8주	공부 날짜		공부 내용	쪽수	공부 확인
월요일	월	일	우물 안 개구리	쪽	⭐ ❤️ 🙂
화요일	월	일	우물을 파도 한 우물을 파라	쪽	⭐ ❤️ 🙂
수요일	월	일	원수는 외나무다리에서 만난다	쪽	⭐ ❤️ 🙂
목요일	월	일	원숭이도 나무에서 떨어진다	쪽	⭐ ❤️ 🙂
금요일	월	일	입에 쓴 약이 병을 고친다	쪽	⭐ ❤️ 🙂

9주	공부 날짜		공부 내용	쪽수	공부 확인
월요일	월	일	작은 고추가 더 맵다	쪽	⭐ ❤️ 🙂
화요일	월	일	쥐구멍에도 볕 들 날 있다	쪽	⭐ ❤️ 🙂
수요일	월	일	지렁이도 밟으면 꿈틀한다	쪽	⭐ ❤️ 🙂
목요일	월	일	콩 심은 데 콩 나고 팥 심은 데 팥 난다	쪽	⭐ ❤️ 🙂
금요일	월	일	콩으로 메주를 쑨다 해도 곧이 안 믿는다	쪽	⭐ ❤️ 🙂

10주	공부 날짜		공부 내용	쪽수	공부 확인
월요일	월	일	티끌 모아 태산	쪽	⭐ ❤️ 🙂
화요일	월	일	하늘이 무너져도 솟아날 구멍이 있다	쪽	⭐ ❤️ 🙂
수요일	월	일	하룻강아지 범 무서운 줄 모른다	쪽	⭐ ❤️ 🙂
목요일	월	일	호랑이도 제 말 하면 온다	쪽	⭐ ❤️ 🙂
금요일	월	일	호박이 넝쿨째로 굴러떨어졌다	쪽	⭐ ❤️ 🙂

월요일

가는 말이 고와야 오는 말이 곱다

내가 친구에게 말이나 행동을 친절하게 하면 친구도 나에게 친절하게 대해 줘요. 이 속담은 내가 남에게 좋게 해야 남도 나에게 좋게 한다는 말이에요. 그러니까 말 한마디라도 잘 생각하고 하도록 해요.

어떡해~. 나 이거 지워야 하는데 지우개 안 가져왔나 봐.

걱정하지 마.
이거 같이 쓰자!

오~

다음 날
수학 시간

헉! 나 자가 없어!

가는 말이 고우면 오는 말도 고운 법이지.
내 자 같이 사용하자~.

진짜?

표현력 가는 말이 고와야 오는 말이 곱다 어떻게 쓰일까요?

(1) 동생을 괴롭히면 동생도 나를 괴롭힐 거야. 가는 말이 고와야 오는 말이 곱다잖아.

(2) 가는 말이 고와야 오는 말이 곱다고 친구를 도와줬더니 친구도 나를 도와줬어.

 어휘력 도움을 참고해 닮은 꼴 속담에 O, 닮지 않은 속담에 X 하세요.

(1) 말 한마디에 천 냥 빚을 갚는다　　（　　　）

(2) 가는 정이 있어야 오는 정이 있다　　（　　　）

도움	(1) 말 한마디에 어떤 어려움도 해결할 수 있다는 뜻이에요. (2) 내가 먼저 정을 베풀어야 다른 사람도 나에게 정을 베푼다는 뜻이에요.

 독해력 오늘 배운 속담을 말해 주면 좋은 친구의 이름을 써 보세요.

도연	준서
산에 올라가 "야호!"라고 외쳤는데 곧이어 "야호!"라는 메아리가 울렸어. 신기하더라고.	친구에게 노래를 잘한다고 말했더니 친구는 내게 그림을 잘 그린다고 말해 줬어.

가랑비에 옷 젖는 줄 모른다

가늘게 내리는 가랑비에는 옷이 아주 조금씩 젖지만, 시간이 지나면 어느새 잔뜩 젖어 있는 옷을 발견하게 될 거예요. 이렇게 이 속담은 아무리 사소한 것이라도 그것이 반복되면 아주 크게 된다는 말이에요. 주로 나쁜 습관에 사용해요.

유자야,
오늘도 과자 먹네.

응, 맛있어!

며칠 후

유자야,
또 과자 먹어?
건강이 걱정되는데.

조금씩 먹는 걸 뭐~.

냠

냠

한 달 후

어떡하지.
나 살이 너무 쪘어.

어휴,
가랑비에 옷 젖는 줄 모른다더니!

투실~

표현력 가랑비에 옷 젖는 줄 모른다 어떻게 쓰일까요?

(1) 가랑비에 옷 젖는 줄 모른다고 과자를 몇 번 사 먹었더니 용돈을 다 썼어.

(2) 가랑비에 옷 젖는 줄 모른다고 "조금만 더 잘게!"를 몇 번 하다 학교에 지각했어.

 어휘력 닮은 꼴 속담으로, 도움을 참고해 둘 중 알맞은 말에 O 하세요.

(1) 곶감 꼬치에서 (닭고기 / 곶감) 빼 먹듯

(2) 낙숫물이 댓돌을 (뚫는다 / 못 뚫는다)

> **도움**
> (1) 곶감이 맛있어서 계속 먹다 보면 어느새 바닥을 드러낸다는 뜻이에요.
> (2) 처마 끝에서 똑똑 떨어지는 물이 단단한 댓돌에 구멍을 낸다는 뜻으로 작은 힘이라도 끈기 있게 계속하면 큰일을 이룰 수 있다는 말이에요.

 독해력 글을 읽고 느낀 점으로 가장 알맞은 말을 찾으세요.

저녁을 먹고 엄마는 내게 국어 숙제를 언제 할 건지 물어보셨어. 나는 게임 30분만 하고 한다고 했지. 그런데 30분이 지나고, 5분만 더를 몇 번 외쳤더니 자야 할 시간이 됐어. 엄마는 나를 보고 "가랑비에 옷 젖는 줄 모른다더니."라고 하셨어. 사실 이런 일이 한두 번이 아니었어.

① 내일 아침에 일어나서 하지 뭐.

② 아무래도 숙제는 포기해야겠어.

③ 자꾸 미루는 건 나쁜 습관이니 고쳐야겠어.

 수요일 가재는 게 편

가재와 게는 딱딱한 등딱지와 집게발을 모두 가지고 있으면서 비슷한 점이 많아요. 이 속담은 모습이나 상황이 비슷한 친구끼리 편을 들어준다는 말이에요. 하지만 친한 친구라고 무조건 편을 들어주는 건 옳은 태도가 아니에요.

표현력 가재는 게 편 어떻게 쓰일까요?

(1) 친구 동생을 혼냈더니 **가재는 게 편**이라고 친구가 나에게 화를 내더라.

(2) **가재는 게 편**이라고 엄마에게 혼난 나를 오빠가 위로해 줬어.

 어휘력 닮거나 닮지 않은 사자성어로, 알맞은 뜻을 찾아 줄로 이으세요.

(1) 유유상종(類類相從) •   • 개와 원숭이의 사이라는 뜻으로, 매우 나쁜 사이다.

(2) 견원지간(犬猿之間) •   • 같은 무리끼리 어울린다.

> **도움**
> (1) 類 무리 류(유), 類 무리 류(유), 相 서로 상, 從 좇을 종
> (2) 犬 개 견, 猿 원숭이 원, 之 ~의 지, 間 사이 간

 독해력 빈칸에 들어갈 말은 각각 무엇일까요?

'가재는 게 편'이라는 건 딱딱한 등딱지와 집게발을 가진 것처럼   상황의
친구끼리   을 들어 준다는 뜻이야.

① 다른   ② 비슷한   ③ 같은 편   ④ 다른 편

가지 많은 나무에 바람 잘 날 없다

나무에 가지가 많으면 바람에 잘 흔들려 잠시도 조용한 날이 없어요. 이 속담은 자식을 많이 둔 부모는 걱정이 그칠 날이 없고, 할 일이 많아 편한 날이 없음을 이르는 말이에요.

표현력 가지 많은 나무에 바람 잘 날 없다 어떻게 쓰일까요?

(1) 가지 많은 나무에 바람 잘 날 없다고 형제가 많아서 여러 가지 일이 많아.

(2) 우리 할머니는 자식들이 많아서 가지 많은 나무에 바람 잘 날 없었대.

 어휘력 닮은 꼴 속담으로, 도움을 참고해 이어질 말을 찾아 줄로 이으세요.

(1) 가지 많은 나무가 •　　　　　　• 길마 벗을 날 없다

(2) 새끼 아홉 둔 소 •　　　　　　• 잠잠할 적 없다

도움	(1) 가지가 많고 잎이 무성한 나무는 살랑거리는 바람에도 잎이 흔들린다는 뜻이에요.
	(2) '길마'는 소의 등에 얹어 물건을 나르는 기구로 새끼가 많은 소는 일에서 벗어나 편히 쉴 틈이 없다는 뜻이에요.

 독해력 오늘 배운 속담과 어울리는 상황의 친구를 찾으세요.

① 어제 친구를 도와줬더니 오늘 친구에게 도움을 받은 경수

② 과자를 사 먹다 용돈을 다 써 버린 민주

③ 함께 사는 고양이들이 자꾸 사고를 쳐서 힘든 재연

개구리 올챙이 적 생각 못 한다

개구리는 올챙이를 보면 자신의 어린 시절을 기억하지 못하고 잡아먹어요. 이 속담은 형편이나 사정이 옛날보다 나아진 사람이 지난날의 어려운 때를 생각하지 못하고 처음부터 잘난 듯이 뽐낸다는 말이에요.

이게 왜 이렇게 안 되지.

너 너무 못한다~.

어떻게 해야
슬라임을 잘할 수 있을까?

과거의 유자

너도 처음에는 슬라임 못했잖아.
개구리 올챙이 적 생각 못 한다더니!

쳇!

표현력 개구리 올챙이 적 생각 못 한다 어떻게 쓰일까요?

(1) 개구리 올챙이 적 생각 못 한다고 너 작년까지는 우리 반 달리기 꼴등이었잖아.

(2) 아빠가 나를 혼냈는데, 할아버지가 아빠를 보고 개구리 올챙이 적 생각 못 한다고 했어.

 어휘력 도움을 참고해 닮은 꼴 속담에 O, 닮지 않은 속담에 X 하세요.

(1) 거지가 밥술이나 뜨게 되면 거지 밥술 안 준다 　（　　　）

(2) 우물 안 개구리 　　　　　　　　　　　　　（　　　）

> **도움**
> (1) '밥술'은 밥숟가락인데 가난했던 사람이 형편이 나아지면 어려운 사람을 도와줄 줄 모른다는 뜻이에요.
> (2) 세상이 넓은 줄 알지 못하는 어리석은 사람을 뜻하는 말이에요.

 독해력 빈칸에 들어갈 말은 무엇일까요?

> 우리 반에서 나보다 그림 잘 그리는 사람 없을걸.

> 1학년 미술 시간에는 그림 그리기 어렵다고 울더니, 개구리 　　　　　 적 생각 못 하네.

① 알　　　　② 뒷다리 나올　　　　③ 앞다리 나올　　　　④ 올챙이

쓰기 능력 키우기

선을 따라 글자를 쓰면서 배운 내용을 익히세요.

가는 ∨ 말이 ∨ 고와야 ∨ | 오 | 는 | ∨ | 말 | 이 | ∨ 곱다

| 가 | 랑 | 비 | 에 | ∨ 옷 ∨ 젖는 ∨ 줄 ∨ 모른다

가재는 ∨ | 게 | ∨ | 편 |

가지 ∨ 많은 ∨ 나무에 ∨ | 바 | 람 | ∨ | 잘 | ∨ | 날 |

∨ 없다

개구리 ∨ 올챙이 ∨ 적 ∨ | 생 | 각 | ∨ | 못 | ∨ 한다

쉬어 가는 페이지

배운 내용을 익히는 낱말 퍼즐

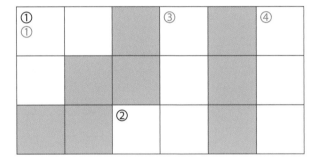

가로 열쇠

① ○○ 말이 고와야 오는 말이 곱다

② 가랑비에 옷 ○○ 줄 모른다

세로 열쇠

① ○○ 많은 나무에 바람 잘 날 없다

③ ○○○ 게 편

④ ○○○ 올챙이 적 생각 못 한다

공든 탑이 무너지랴

 오랜 시간 정성을 다해 쌓은 탑은 쉽게 무너지지 않아요. 이 속담은 정성을 다한 일은 헛되지 않고 반드시 좋은 결과를 얻는다는 뜻이에요. 무슨 일이든 대충 했다가는 망치기 쉬우니, 정성을 다하고 최선을 다해 좋은 결과를 얻도록 해요.

유자야~. 다음 국어 수업 발표 준비는 잘하고 있어?

발표 자신이 없어서 매일매일 열심히 연습하고 있어.

오호~

휴

저는 난민에 대해…

연습 중!

국어 시간

이 책을 읽고 저는 난민에 대해 생각해 보았습니다.

술술~

공든 탑이 무너지랴! 내 친구 유자가 자랑스러워~.

표현력 공든 탑이 무너지랴 어떻게 쓰일까요?

(1) 시험공부를 열심히 했더니 결과가 좋았어. 역시 공든 탑은 무너지지 않아.

(2) 매일 축구 연습을 했더니 공든 탑은 무너지지 않는다고 시합에서 우리 반이 이겼어!

 어휘력 도움을 참고해 닮은 꼴 속담에 O, 닮지 않은 속담에 X 하세요.

(1) 지성이면 감천이다　　　　　　　(　　　)

(2) 공든 탑도 개미구멍으로 무너진다　(　　　)

도움
(1) '지성'은 지극한 정성, '감천'은 하늘을 감동하게 하다라는 뜻이에요. 정성이 지극하면 하늘도 감동해 도와준다는 말이지요.
(2) 조그마한 실수나 방심이 일을 망친다는 뜻이에요.

 독해력 오늘 배운 속담을 말해 주면 좋은 친구의 이름을 써 보세요.

시우
지난번에 수학 성적이 좋지 않아 그 이후로 매일 예습과 복습을 열심히 했더니 이번에는 성적이 올랐어!

세연
나는 노래를 잘해서 음악 시간 가창 시험을 대충 준비했더니 가사를 몰라서 제대로 부르지 못했어.

구슬이 서 말이라도 꿰어야 보배

구슬이 많아도 알알이 흩어져 있으면 쓸모가 없어요. 꿰어서 목걸이를 만들어야 목에 걸어 예쁘게 꾸밀 수 있죠. 이 속담은 아무리 좋은 것이라도 쓸모 있게 만들어 놓아야 값어치가 있다는 뜻이에요. 사람의 능력도 꾸준히 노력해야 가치가 있어요.

표현력 구슬이 서 말이라도 꿰어야 보배 어떻게 쓰일까요?

(1) 구슬이 서 말이라도 꿰어야 보배라고 그림을 잘 그리는 재연이에게 홍보 포스터를 그려 달라고 했어.

(2) 친구가 집에 책이 많다고 자랑하길래 구슬이 서 말이라도 꿰어야 보배라고 했어.

 어휘력 닮은 꼴 속담으로, 도움을 참고해 둘 중 알맞은 말에 O 하세요.

(1) 부뚜막의 (설탕 / 소금)도 집어넣어야 짜다

(2) 가마 속의 콩도 (삶아야 / 생으로) 먹는다

도움	(1) 부뚜막에 있는 소금을 음식에 넣지 않으면 음식에 간이 되지 않는다는 뜻이에요. 쉬운 일이라도 힘을 들여 행동하지 않으면 소용없다는 말이지요. (2) 가마(가마솥)에 콩을 넣기만 하고 삶지 않으면 먹을 수 없다는 뜻이에요. 이 속담도 실천이 중요하다는 말이지요.

 **독해력** 대화를 읽고 밑줄 친 말과 바꿀 수 있는 말은 무엇일까요?

👤 발레 배우고 있어? 선생님이 너 재능 있다고 했잖아.

👤 아니. 나중에 배워도 금세 배우지 않을까?

👤 <u>구슬이 서 말이라도 꿰어야 보배지.</u>

① 그래, 나중에 천천히 해도 될 것 같아.

② 재능만 믿으면 안 돼. 꾸준히 노력해야 하는 거야.

굼벵이도 구르는 재주가 있다

짧고 통통한 굼벵이는 느리지만 데굴데굴 잘 구르는 재주가 있어요. 이 속담은 아무리 능력이 없어 보이는 사람이라도 한 가지 재주는 있다는 뜻이에요. 그러니 공부나 운동을 못하는 친구라고 얕보면 안 돼요. 누구나 특별한 재주는 한 가지씩 가지고 있어요.

나는 이번 수학 점수 80점이야.

나는 90점~. 너는?

훗

나는 100점.

덤덤~

대박!

굼벵이도 구르는 재주가 있다더니, 보리가 수학을 잘할 줄은 몰랐네.

표현력 굼벵이도 구르는 재주가 있다 어떻게 쓰일까요?

(1) 손뜨개 목도리 예쁘다. 굼벵이도 구르는 재주가 있다더니 너 손재주 좋구나!

(2) 장난만 치는 연우가 그림을 엄청 잘 그리더라고. 굼벵이도 구르는 재주가 있다더니!

 어휘력 닮은 꼴 속담으로, 도움을 참고해 이어질 말을 찾아 줄로 이으세요.

(1) 우렁이도 두렁   •   • 하나씩은 있다

(2) 사람마다 타고난 재주 •   • 넘을 꾀가 있다

> **도움**
> (1) 느릿느릿한 우렁이도 높은 두렁을 넘을 수 있다는 말로 미련한 사람도 한 가지 재주는 있다는 뜻이에요.
> (2) 사람은 누구나 한 가지씩의 재주가 있다는 뜻이에요.

 독해력 빈칸에 들어갈 말은 무엇일까요?

'굼벵이도 구르는 재주가 있다'는 건 느린 굼벵이도 잘 구르는 재주가 있는 것처럼 누구나   재주는 있다는 뜻이야.

① 한 가지

② 두 가지

③ 여러 가지

까마귀 날자 배 떨어진다

까마귀가 날아가려는 순간 나무에서 배가 떨어졌는데 그걸 본 농부는 까마귀가 배를 떨어뜨린 거라고 오해했어요. 이 속담은 아무 상관 없는 일이 어쩌다 동시에 일어나 의심받거나 난처해졌을 때 사용하는 말이에요.

이렇게 길에 쓰레기를 함부로 버리면 안 돼.

역시 뭉식이는 착해.

너희 쓰레기를 이렇게 함부로 버리면 돼?

혼쭐

제가 버린 거 아니에요! 저는 버려진 쓰레기를 주우려고 했어요.

억울

까마귀 날자 배 떨어진다더니 이게 무슨 일이야!

표현력 까마귀 날자 배 떨어진다 어떻게 쓰일까요?

(1) **까마귀 날자 배 떨어진다**고 과자 판매대를 지나는데 갑자기 과자가 떨어지더라.

(2) **까마귀 날자 배 떨어진다**고 고장 난 시계 옆에 동생이 있으니 동생을 의심하게 되더라.

 어휘력 닮거나 닮지 않은 사자성어로, 알맞은 뜻을 찾아 줄로 이으세요.

(1) 오비이락(烏飛梨落) •　　　　　 • 무턱대고 쏜 화살이 과녁에 맞았다.

(2) 사공중곡(射空中鵠) •　　　　　 • 까마귀 날자 배 떨어진다.

> **도움**
> (1) 烏 까마귀 오, 飛 날 비, 梨 배나무 이, 落 떨어질 락
> (2) 射 쏠 사, 空 하늘 공, 中 적중할 중, 鵠 과녁 곡

 독해력 오늘 배운 속담과 어울리는 상황의 친구를 찾으세요.

① 운동 신경은 없지만 공부를 정말 잘하는 지민이

② 벼락치기로 시험공부를 해서 매번 시험을 망치는 효진이

③ 나와 함께 걸어가는 친구가 갑자기 넘어진 상황을 보고 내가 민 줄 의심하는 고은이

꼬리가 길면 밟힌다

동물의 꼬리가 길면 잘 보이기 때문에 쉽게 잡을 수 있어요. 이 속담은 한두 번은 남모르게 나쁜 짓을 할 수 있으나 오랫동안 계속하면 결국 들킨다는 뜻이에요. 그렇기 때문에 나쁜 짓은 아예 하지 않는 게 좋겠죠?

분명 책상 위에 있었는데 없어졌어!
지난번에도 없어졌었는데….

내가 지우개 가져간 거 아니다!

너구나!
난 지우개가 없어졌다고
말하지 않았어.

미안해….
다시는 그러지 않을게.

꼬리가 길면
밟히는 거야!

표현력 꼬리가 길면 밟힌다 어떻게 쓰일까요?

(1) 부모님 몰래 학원에 몇 번 안 갔는데 들키고 말았어. 꼬리가 길면 밟히는 거야.

(2) 형이 계속 배가 아프다고 했는데 케이크를 사 오니 먹더라. 꼬리가 길면 밟힌다고 거짓말이었던 거야.

 어휘력 도움을 참고해 닮은 꼴 속담에 O, 닮지 않은 속담에 X 하세요.

(1) 용의 꼬리보다 뱀의 머리가 낫다 　　(　　)

(2) 고삐가 길면 밟힌다 　　　　　　　(　　)

도움

(1) 용의 꼬리가 되어 뒤꽁무니를 쫓는 것보다 뱀의 머리가 되어 앞장서는 것이 낫다는 뜻이에요.

(2) '고삐'는 말이나 소에 매는 줄로 이것이 길면 밟힌다는 말이에요. 옳지 못한 일을 계속하면 결국에는 남에게 들킨다는 뜻이지요.

 독해력 빈칸에 들어갈 말은 무엇일까요?

드디어 도둑이 잡혔다는 뉴스가 나왔어.

세상에 잡히지 않는 도둑은 없는 것 같아. 꼬리가 [　　　　] 밟히는 거야.

① 짧으면 　　　　② 적당하면 　　　　③ 길면

쓰기 능력 키우기

선을 따라 글자를 쓰면서 배운 내용을 익히세요.

공든 ∨ 탑이 ∨ | 무 | 너 | 지 | 랴 |

| 구 | 슬 | 이 | ∨ | 서 | ∨ 말이라도 ∨ 꿰어야 ∨ 보배

| 굼 | 벵 | 이 | 도 | ∨ 구르는 ∨ 재주가 ∨ 있다

| 까 | 마 | 귀 | ∨ | 날 | 자 | ∨ 배 ∨ 떨어진다

꼬리가 ∨ | 길 | 면 | ∨ | 밟 | 힌 | 다 |

쉬어 가는 페이지

속담 공부하는 미로 찾기

힌트 속 빈 곳에 들어갈 단어를 찾으며
길을 따라가 보물 상자에 도착해 보세요.

힌트
① ○○가 길면 밟힌다
② 까마귀 날자 배 ○○○○
③ 굼벵이도 구르는 ○○가 있다
④ 구슬이 서 말이라도 꿰어야 ○○
⑤ 공든 ○이 무너지랴

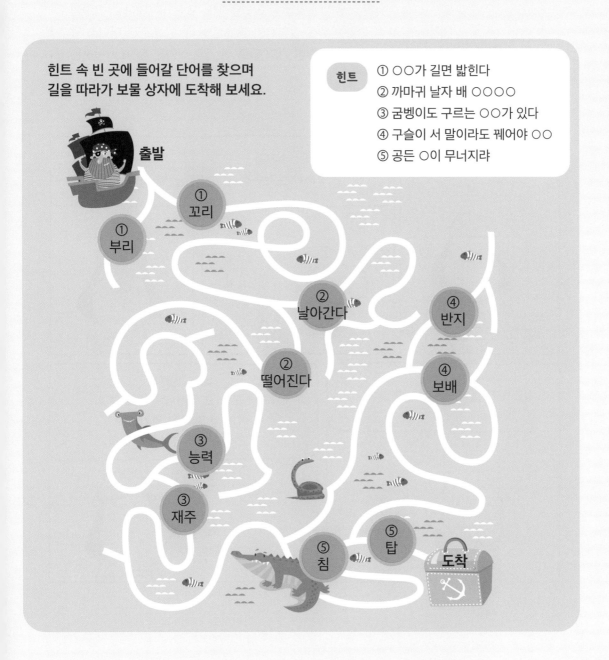

월요일

꿩 먹고 알 먹기

꿩은 무척 예민한 동물인데 알을 품고 있을 때는 도망가지 않아요. 그렇기 때문에 알을 품고 있는 꿩을 발견하면 꿩을 잡을 수 있을 뿐만 아니라 알도 얻을 수 있죠. 이 속담은 한 가지 일로 두 가지 이익을 볼 때 사용하는 말이에요.

윙윙~

유자야, 너 지금 방 청소하는 거야?

응응~. 방이 너무 더럽네.

청소하기 싫어하는 네가 웬일이니.

500원이다! 청소도 하고 잃어버린 돈도 찾고 이거 꿩 먹고 알 먹기인데 앞으로는 자주 청소해야겠어.

표현력 꿩 먹고 알 먹기 어떻게 쓰일까요?

(1) 매일 야구를 하는데 재미있는 운동인데다 건강도 좋아지니 꿩 먹고 알 먹기야.

(2) 분리수거는 쓰레기도 줄이고 환경 보호도 하는 꿩 먹고 알 먹는 일이야.

 어휘력 닮은 사자성어로, 도움을 참고해 알맞은 뜻을 찾아 줄로 이으세요.

(1) 일거양득(一擧兩得) •　　　　　• 한 가지 일을 하여 두 가지 이익을 얻는다.

(2) 일석이조(一石二鳥) •　　　　　• 한 개의 돌로 두 마리의 새를 맞추어 떨어뜨린다.

도움
(1) 一 한 일, 擧 행하다 거, 兩 두 량(양), 得 얻을 득
(2) 一 한 일, 石 돌 석, 二 두 이, 鳥 새 조

 독해력 오늘 배운 속담을 말해 주면 좋은 친구의 이름을 써 보세요.

은우
줄넘기를 하면 키도 쑥쑥 크고 살도 빠진다고 해서 요즘 열심히 하는 중이야.

라엘
영어 공부를 하려고 영어 만화를 보고 있었는데 만화를 본다고 혼났지 뭐야.

남의 손의 떡은 커 보인다

 남의 것이 내 것보다 좋아 보이고, 남의 일이 내 것보다 쉬워 보인다는 말이에요. 내 것에 만족하지 못하고 욕심을 내는 상황을 말하지요. 하지만 쉬워 보이는 일도 막상 내가 하면 어렵다는 것을 알게 될 거예요. 남의 것을 욕심부리지 말고 내 것에 감사하도록 해요.

새해 복 많이 받으세요.

올 한 해도 건강하거라.

보리 세뱃돈 봉투가 더 두꺼운데?

흠~

보리야, 내가 1,000원 줄 테니 나랑 세뱃돈 바꿀래?

그래!

뭐야! 나는 세뱃돈 1만 원이었는데 보리 봉투에는 1,000원짜리 다섯 장이 들어 있어서 두꺼운 거였네. 남의 손의 떡은 커 보인다더니!

표현력 남의 손의 떡은 커 보인다 어떻게 쓰일까요?

(1) 남의 손의 떡은 커 보인다고 친구가 맡은 청소 일이 더 쉬워 보이더라.

(2) 남의 손의 떡은 더 커 보인다고 동생 케이크가 커 보여서 바꾸자고 했다가 싸웠어.

 어휘력 도움을 참고해 닮은 꼴 속담에 O, 닮지 않은 속담에 X 하세요.

(1) 남의 돈 천 냥이 내 돈 한 푼만 못 하다 　　(　　)

(2) 남의 밥에 든 콩이 굵어 보인다 　　(　　)

> **도움**
> (1) '냥'과 '푼'은 옛날에 사용하던 돈의 단위로, 푼보다는 냥이 크지만 아무리 작고 보잘것없는 것이라도 남의 것보다 내가 가진 것이 낫다는 뜻이에요.
> (2) 언제나 남의 밥에 있는 콩이 더 커 보인다는 뜻이에요.

 독해력 글을 읽고 느낀 점으로 가장 알맞은 말을 찾으세요.

가족들과 치킨을 먹는데 남의 손의 떡이 커 보인다고 동생 닭 다리가 더 커 보여서 바꿔 달라고 하다가 닭 다리를 떨어뜨려서 아예 먹지 못했어.

① 앞으로도 기회가 될 때마다 남의 것과 바꿔 봐야지.

② 남의 것을 욕심부리지 말고 내가 가진 것을 감사해야지.

낮말은 새가 듣고 밤말은 쥐가 듣는다

주위에 아무도 없는 것 같지만 누군가는 듣고 있을 수도 있어요. 이 속담은 아무도 모르게 한 비밀의 말이라도 반드시 남의 귀에 들어가게 되니 늘 말 조심을 해야 한다는 뜻이에요. 세상에 비밀은 없어요.

표현력 낮말은 새가 듣고 밤말은 쥐가 듣는다 어떻게 쓰일까요?

(1) 낮말은 새가 듣고 밤말은 쥐가 듣는다고 이 세상에 비밀은 없어.

(2) 낮말은 새가 듣고 밤말은 쥐가 듣는다고 내가 서연이한테 한 말을 선생님이 알고 계시더라.

 어휘력 닮은 꼴 속담으로, 도움을 참고해 이어질 말을 찾아 줄로 이으세요.

(1) 벽에도　　　•　　　• 귀가 있다

(2) 발 없는 말이　•　　　• 천 리를 간다

> **도움**
> (1) 사방이 벽으로 둘러싸여 있더라도 누군가 내 말을 듣고 있을지도 모르니 말조심을 해야 한다는 뜻이에요.
> (2) 천 리는 서울에서 부산까지의 거리 정도로, 입에서 나온 말은 멀리까지도 퍼지니 말조심을 해야 한다는 뜻이에요.

 독해력 대화를 읽고 밑줄 친 말과 바꿀 수 있는 말은 무엇일까요?

👤 연아야, 선경이가 요즘 속상한 일이 있다며?

👤 대호 너 어떻게 알았어? 선경이랑 나만 나누었던 이야기인데.

👤 <u>낮말은 새가 듣고 밤말을 쥐가 듣는 거야.</u>

① 앞으로 나도 끼워 줘.

② 아무도 모르는 말이라도 반드시 남의 귀에 들어가게 되어 있으니 말조심해야 해.

내 코가 석 자

'자'는 옛날에 길이를 나타내던 단위로 석 자는 90cm 정도예요. 내 코가 90cm로 길어진다면 걱정이 많아 다른 사람을 신경 쓸 수 없어요. 이 속담은 내 사정이 급하고 어려워서 남을 돌볼 여유가 없다는 뜻이에요.

수학 시간

뭉식아, 나 이 문제가 너무 어려운데 어떻게 푸는지 가르쳐 줄 수 있어?

유자야, 미안해.

지금 내 코가 석 자라서 나도 문제를 풀지 못하고 있어.

수학은 왜 이렇게 어려운 걸까?

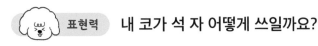 **표현력** 내 코가 석 자 어떻게 쓰일까요?

(1) 숙제가 많아서 누나한테 도와 달라고 했는데 누나도 **내 코가 석 자**라고 도와주지 못한대.

(2) 화장실이 급해서 줄 앞의 친구에게 말했는데 친구는 **내 코가 석 자**라고 미안하다고 했어.

 어휘력 도움을 참고해 닮은 꼴 속담에 O, 닮지 않은 속담에 X 하세요.

(1) 발등에 불이 떨어지다   (   )

(2) 눈이 아무리 밝아도 제 코는 안 보인다   (   )

> 도움
> (1) 일이 몹시 절박하게 닥쳤다는 뜻이에요.
> (2) 아무리 똑똑한 사람이라도 자신을 잘 모른다는 뜻이에요.

독해력 오늘 배운 속담과 어울리는 상황의 친구를 찾으세요.

① 영어 노래를 부르며 영어 공부를 하는 은아

② 당장 내일 시험공부 벼락치기로 바쁜 이수

③ 간식으로 받은 짝꿍의 빵이 더 커 보이는 아인

금요일 닭 쫓던 개 지붕 쳐다보듯

닭이 자신의 밥을 먹어 화가 난 개는 닭에게 달려들었지만 닭은 지붕으로 올라갔어요. 개는 지붕으로 쫓아 올라가지 못하고 쳐다만 보고 있는 상황으로 이 속담은 애쓰던 일이 실패로 돌아가거나 남보다 뒤떨어져 어찌할 도리가 없다는 뜻이에요.

내 캐릭터 카드 멋있지!

우와!

나도 갖고 싶다~.
나도 용돈 모아서 살 거야!

며칠 후

아저씨,
캐릭터 카드 주세요!

방금 뭉식이가
마지막 카드
사 갔는데?

닭 쫓던 개 지붕
쳐다보게 되었네.

실망

실망

표현력 닭 쫓던 개 지붕 쳐다보듯 어떻게 쓰일까요?

(1) 콘서트에 가려고 용돈을 모았는데 표가 다 팔렸대. 닭 쫓던 개 지붕 쳐다보는 꼴이 됐어.

(2) 영지에게 장난을 치려는데 영지 할아버지를 만났어. 닭 쫓던 개 지붕 쳐다보는 꼴이 되었지.

 어휘력 닮은 꼴 속담으로, 도움을 참고해 둘 중 알맞은 말에 O 하세요.

(1) 닭 쫓던 개 (사다리 / 울타리) 넘겨다보듯

(2) 닭 쫓던 개 (먼 산 / 가까운 산) 쳐다보듯

도움
(1) 개에게 쫓기던 닭이 지붕으로 올라가자 개가 쫓아 올라가지 못하고 울타리만 쳐다본다는 뜻이에요.
(2) 개에게 쫓기던 닭이 지붕으로 올라가자 개가 쫓아 올라가지 못하고 먼 산만 쳐다본다는 뜻이에요.

 독해력 빈칸에 들어갈 말은 무엇일까요?

먹고 싶었던 초코 케이크 샀어?

아니, 다 팔렸대. 닭 쫓던 개 ☐☐☐ 쳐다보는 꼴이 되었어.

① 하늘   ② 산   ③ 지붕   ④ 마루

쓰기 능력 키우기

선을 따라 글자를 쓰면서 배운 내용을 익히세요.

꿩 ✓ 먹고 ✓

알	✓	먹	기

남의 ✓ 손의 ✓ 떡은 ✓

커	✓	보	인	다

낮말은 ✓ 새가 ✓

듣	고	✓	밤	말	은

✓ 쥐가 ✓ 듣는다

내 ✓ 코가 ✓

석	✓	자

닭 ✓ 쫓던 ✓ 개 ✓

지	붕	✓	쳐	다	보	듯

속담 익히는 초성 퀴즈

초성을 보고 속담에 맞게 빈칸을 채우세요.

ㄷ 쫓던 ㄱ 지붕 쳐다보듯

내 ㅋ 가 석 자

낮말은 ㅅ 가 듣고 밤말은 ㅈ 가 듣는다

남의 손의 ㄸ 은 커 보인다

ㄲ 먹고 ㅇ 먹기

도둑이 제 발 저리다

긴장하거나 불안하면 손발이 저려요. 이 속담은 죄를 지은 도둑이 자신의 죄가 드러날까 봐 불안해하다가 결국 들키고 만다는 뜻이에요. 잘못을 한다면 숨기지 말고 빨리 솔직하게 털어놓도록 해요.

표현력 도둑이 제 발 저리다 어떻게 쓰일까요?

(1) 국어 시험 꼴찌가 궁금하다고 했는데 서우가 화를 내는 거야. 도둑이 제 발 저린거지.

(2) 우유가 없어졌는데 준희가 자기는 아니라고 하는 걸 보니 도둑이 제 발 저리는 것 같아.

 어휘력 도움을 참고해 닮은 꼴 속담에 O, 닮지 않은 속담에 X 하세요.

(1) 도둑을 맞으려면 개도 안 짖는다　（　　　）

(2) 도적은 제 발이 저려서 뛴다　　　（　　　）

　도움　(1) 운수가 나쁘면 모든 것이 제대로 되지 않음을 이르는 말이에요.
　　　　(2) 지은 죄가 있으면 자연히 마음이 조마조마해진다는 말이에요.

 독해력 오늘 배운 속담을 말해 주면 좋은 친구의 이름을 써 보세요.

하준
내 방 책상 위에 색연필이 없어져서 엄마한테 말했는데 갑자기 옆에 있던 동생이 자기는 아니라고 하는 거야.

지우
나는 내가 우리 반 미술 1등이라고 생각했는데 글쎄 민서가 이번에 미술 대회 1등을 했어.

돌다리도 두들겨 보고 건너라

튼튼한 돌다리는 무너질 리 없겠죠? 하지만 확인해 보고 건너면 더욱 안전할 거예요. 이 속담은 단단한 돌다리라도 무너질 위험이 있는지 두들겨 보고 건너라는 뜻이에요. 아주 잘 아는 일이라도 꼼꼼하게 확인하고 조심해야 실수하지 않는다는 말이지요.

스포이트를 어디에 뒀더라.

그거 서랍장 두 번째 칸에 있어!

며칠 후

내일 준비물은 스케치북, 크레파스, 돋보기예요.

-준비물-
스케치북
크레파스
돋보기

스케치북

크레파스

돋보기

다음 날

어떡하지. 내 기억력만 믿고 알림장을 다시 확인하지 않았더니 돋보기를 가져오지 않았어.

긁적

긁적

돌다리도 두들겨 보고 건너라고 했어. 다음에는 알림장도 다시 한번 확인해.

표현력 돌다리도 두들겨 보고 건너라 어떻게 쓰일까요?

(1) 돌다리도 두들겨 보고 건너라고 수학 문제를 풀면 검산도 꼭 해 봐야 한대.

(2) 외출하기 전에는 돌다리도 두들겨 보고 건너라고 전등을 모두 껐는지 확인하자.

 어휘력 닮은 꼴 속담으로, 도움을 참고해 둘 중 알맞은 말에 O 하세요.

(1) (딱딱한 / 무른) 감도 쉬어 가면서 먹어라

(2) 아는 길도 (물어 / 그냥) 가랬다

도움	(1) 무른 감도 쉬어 가면서 먹어야 탈이 안 나듯 아무리 쉬운 일이라도 한 번 더 확인한 다음에 하는 것이 안전하다는 뜻이에요. (2) 잘 아는 일이라도 다시 확인하고 세심하게 주의를 하라는 뜻이에요.

 독해력 글을 읽고 느낀 점으로 가장 알맞은 말을 찾으세요.

지수 아빠는 외출할 때 현관문을 닫고 나서 다시 한번 제대로 잠겼는지 꼭 확인하라고 하신대. 그래서 집에 와 우리 아빠한테 말하니 아빠도 돌다리도 두들겨 보고 건너는 게 맞다고 하셨어.

① 그렇게까지 할 필요가 있을까.

② 나도 앞으로 외출할 때 더욱 꼼꼼하게 확인하는 게 좋을 것 같아.

③ 아빠들은 잔소리가 너무 심해.

뛰는 놈 위에 나는 놈 있다

땅에서 아무리 빠른 동물이라도 하늘을 나는 새를 이길 수는 없어요. 이 속담은 대단한 재주가 있어도 반드시 그보다 더 뛰어난 사람이 있으니 잘난 척해서는 안 된다는 말이에요. 어떤 일이든 겸손한 마음으로 꾸준히 노력해야 해요.

우리
큐브 게임 할까?

유자는 큐브를 잘하지 못하고,
보리가 큐브 하는 걸 보지는 못했지만
나보다는 못하겠지.

후후

그래!

나도 좋아!

헤헤, 나는 역시
큐브는 못하는 것 같아.

내가 이긴 건가?

어리

바리

뚝딱
완성!

뛰는 놈 위에 나는 놈 있다더니
보리가 나는 놈이었어.

흐음…

표현력 뛰는 놈 위에 나는 놈 있다 어떻게 쓰일까요?

(1) 경아는 과학 경시 대회에 나갔는데 **뛰는 놈 위에 나는 놈 있다**고 잘하는 친구들이
많았대.

(2) **뛰는 놈 위에 나는 놈 있다**고 내가 가창 대회 1등일 줄 알았는데 슬기가 1등을 했어.

 어휘력 닮은 꼴 속담으로, 도움을 참고해 이어질 말을 찾아 줄로 이으세요.

(1) 기는 놈 위에 •   • 날라리 있다

(2) 파리 위에   •   • 나는 놈 있다

도움	(1) 아무리 재주가 뛰어나도 그보다 더 뛰어난 사람이 있다는 뜻이에요.
	(2) '날라리'는 '나나니'라는 곤충의 방언으로 어떤 것을 잘하는 놈 위에 또 더 잘하는 놈이 있다는 뜻이에요.

 독해력 빈칸에 들어갈 말은 각각 무엇일까요?

'뛰는 놈 위에 나는 놈 있다'는 건 땅에서 아무리 빠른 동물이라도 하늘을 나는

를 이길 수는 없어. 대단한 사람이 있어도 반드시 그보다 더   사람이 있

으니 잘난 척해서는 안 된다는 말이야.

① 물고기   ② 새   ③ 모자른   ④ 뛰어난

마른하늘에 날벼락

벼락은 보통 비가 올 때 일어나는 현상이에요. 맑은 하늘에서 벼락이 치는 건 드문 일이죠. 그런데 이 속담은 맑은 하늘에 느닷없이 벼락이 친다는 말이에요. 전혀 생각하지 못한 상황에서 뜻밖에 당하는 불행한 일이라는 뜻이지요.

표현력 마른하늘에 날벼락 어떻게 쓰일까요?

(1) 오늘 수학 시간에 갑자기 쪽지 시험을 봤어. **마른하늘에 날벼락**이었지.

(2) 운동장을 지나가다가 **마른하늘에 날벼락**이라고 축구공에 맞았어.

 어휘력 닮거나 닮지 않은 사자성어로, 알맞은 뜻을 찾아 줄로 이으세요.

(1) 천재일우(千載一遇) •

(2) 청천벽력(靑天霹靂) •

• 맑게 갠 하늘에서 날벼락이 친다.

• 천 년에 한 번 만난다는 뜻으로 좀처럼 만나기 어려운 기회이다.

> **도움**
> (1) 千 일천 천, 載 해 재, 一 한 일, 遇 만날 우
> (2) 靑 푸를 청, 天 하늘 천, 霹 벼락 벽, 靂 벼락 력

 독해력 오늘 배운 속담과 어울리는 상황의 친구를 찾으세요.

① 민서와의 약속 시간을 다시 한번 확인하는 하윤

② 갑자기 교통사고가 나서 다리를 다친 유진

③ 키가 작아서 밥을 조금만 먹을 줄 알았는데 생각보다 많이 먹는 예준

말 한마디에 천 냥 빚도 갚는다

말을 잘하면 천 냥이나 되는 큰 빚을 갚을 수 있다는 말이에요. 말을 공손하고 조리 있게 잘하면 어려운 일이나 불가능해 보이는 일도 해결할 수 있다는 뜻이지요. 이렇게 말 한마디는 정말 중요한 것이에요.

보리야, 너만 아빠랑 캠핑 다녀왔다며? 서운하다~.

어떡하지~.

유자야, 사실 어제 날씨가 너무 추웠잖아. 너는 추위를 많이 타니 건강 생각해서 일부러 나랑 아빠만 다녀온 거야.

머쓱

머쓱

그래? 그런 거라면 뭐 이해하고. 그런데 다음부터는 나도 데려가 줘.

그럼, 당연하지!

역시 말 한마디에 천 냥 빚도 갚는구나.

휴~

표현력 말 한마디에 천 냥 빚도 갚는다 어떻게 쓰일까요?

(1) 말 한마디에 천 냥 빚도 갚는다고 선생님의 격려에 나는 공부할 용기를 낼 수 있었어.

(2) 말 한마디에 천 냥 빚도 갚는다고 형한테 진심으로 사과했더니 형이 사과를 받아 줬어.

 어휘력 도움을 참고해 닮은 꼴 속담에 O, 닮지 않은 속담에 X 하세요.

(1) 거짓말도 잘만 하면 논 닷 마지기보다 낫다 　(　　　)

(2) 말이 씨가 된다 　　　　　　　　　　　　　(　　　)

도움	(1) 형편에 따라서는 거짓말도 처세에 도움이 될 수 있음을 이르는 말이에요.
	(2) 무심코 한 말이 실제로 이루어질 수 있으니 말조심하라는 뜻이에요.

 독해력 빈칸에 들어갈 말은 무엇일까요?

며칠 전에 주원이랑 말다툼을 했는데 내가 먼저 사과하고 풀었어.

잘했어. 말 한마디에 　　　　　 빚도 갚는다고 하잖아. 이제 주원이와 더욱 돈독하게 지낼 수 있겠네.

① 백 냥　　　　② 천 냥　　　　③ 만 냥

쓰기 능력 키우기

선을 따라 글자를 쓰면서 배운 내용을 익히세요.

도둑이 ∨ | 제 | ∨ | 발 | ∨ 저리다

돌다리도 ∨ | 두 | 들 | 겨 | ∨ | 보 | 고 | ∨ 건너라

| 뛰 | 는 | ∨ | 놈 | ∨ 위에 ∨ 나는 ∨ 놈 ∨ 있다

마른하늘에 ∨ | 날 | 벼 | 락 |

말 ∨ 한마디에 ∨ | 천 | ∨ | 냥 | ∨ | 빚 | 도 | ∨ 갚는다

쉬어 가는 페이지

배운 내용을 익히는 낱말 퍼즐

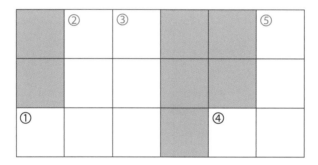

가로 열쇠

① 도둑이 제 발 ○○○

④ 뛰는 놈 ○○ 나는 놈 있다

세로 열쇠

② ○○○도 두들겨 보고 건너라

③ 말 한마디에 천 냥 빚도 ○○○

⑤ 마른○○○ 날벼락

목마른 놈이 우물 판다

물이 필요해서 우물을 파야 하는데 아무도 나서지 않는다면 어떻게 될까요? 결국 가장 목이 마른 사람이 우물을 팔 거예요. 이 속담은 어떤 일이든 가장 급하고 필요한 사람이 그 일을 서둘러 하게 되어 있다는 말이에요.

보리야~. 저… 저기 나 휴지 좀 가져다줄래?

응가 완료!

내 목소리가 보리한테 들리지 않나 봐.

어쩔 수 없지. 목마른 놈이 우물 판다고 내가 가져와야지.

후다닥~

비켜

비켜

???

표현력 목마른 놈이 우물 판다 어떻게 쓰일까요?

(1) 목마른 놈이 우물 판다고 언니 방이 더러워서 내가 청소했지 뭐야.

(2) 목마른 놈이 우물 판다고 발을 다친 내가 냉장고에 가서 물을 꺼내 먹었지.

 어휘력 도움을 참고해 닮은 꼴 속담에 O, 닮지 않은 속담에 X 하세요.

(1) 갑갑한 놈이 송사한다   (   )

(2) 우물가에 애 보낸 것 같다   (   )

> 도움
> (1) 제일 급하고 일이 필요한 사람이 그 일을 서둘러 하게 되어 있다는 말이에요.
> (2) 아이를 우물가에 내놓으면 언제 우물에 빠질지 몰라 마음이 불안하다는 뜻으로 몹시 걱정이 되어 마음이 놓이지 않는 상태를 말해요.

 독해력 오늘 배운 속담을 말해 주면 좋은 친구의 이름을 써 보세요.

지호
형이 방에서 음악을 크게 듣길래 소리를 줄여 달라고 했는데 줄여 주지 않는 거야. 결국 내가 직접 가서 줄였어.

지아
평소 우리에게 조용히 하라고 하는 오빠가 어쩌면 그럴 수가 있는지 몰라. 나도 그 모습을 보고 오빠한테 실망했어.

못 먹는 감 찔러나 본다

내 것이 아니라서 못 먹는 감을 심통이 나서 다른 사람도 먹지 못하게 감을 콕콕 찔러 상처를 내요. 이 속담은 내 것으로 만들지 못할 바에야 남도 갖지 못하게 일부러 망가뜨리는 못된 마음을 말해요. 그러나 이런 마음은 남에게 상처를 줄 수 있어요.

후반전은 배탈 난 보리 대신 라미가 들어가자.

네!

친구들, 축구 경기 끝나면 다 같이 먹어요! 보리가 아이스크림을 아이스박스에 넣어 주세요.

아이스 크림

나는 먹지 못하는데 친구들만 먹게 할 수는 없어. 쳇!

아이스 크림

이게 어떻게 된 거야? 다 녹았네!

흐물

어머, 내가 깜빡했다.

너! 못 먹는 감 찔러나 본다더니 이게 뭐야!

표현력 못 먹는 감 찔러나 본다 어떻게 쓰일까요?

(1) 배탈이 나서 빵을 못 먹으니 **못 먹는 감 찔러나 본다**고 오빠도 먹지 못하게 망쳐 놨어.

(2) 다리를 다쳐서 축구를 못 하니 **못 먹는 감 찔러나 본다**고 축구공 바람을 빼 놨어.

 어휘력 닮은 꼴 속담으로, 도움을 참고해 이어질 말을 찾아 줄로 이으세요.

(1) 못 먹는 밥에 •　　　　　• 찔러 보는 심사

(2) 못 먹는 호박 •　　　　　• 재 집어넣기

> **도움**
> (1) 자기가 먹지 못하는 밥에 다른 사람도 먹지 못하게 재를 집어넣는 것을 말해요.
> (2) 자기가 먹지 못하는 호박에 다른 사람도 먹지 못하게 상처를 내는 것을 말해요.

 독해력 대화를 읽고 밑줄 친 말과 바꿀 수 있는 말은 무엇일까요?

> 🧑 누나, 배드민턴 치러 가자!
> 🧑 배가 아파서 못 갈 것 같아. 근데 아마 셔틀콕이 망가져서 배드민턴 치러 못 갈걸?
> 🧑 멀쩡했던 셔틀콕이 갑자기 왜 망가진 거야? 누나, <u>못 먹는 감 찔러나 본 거야?</u>

① 배가 아파서 어떡해.

② 누나가 못 간다고 심술을 부린 거야?

물에 빠진 놈 건져 놓으니까
내 봇짐 내놓으라 한다

기껏 물에 빠진 사람을 구해 주었더니 자신의 보따리를 건져 주지 않았다고 화를 내요. 이 속담은 커다란 위기에서 벗어나자마자 구해 준 사람의 고마움을 잊고 도리어 생트집을 잡는다는 말이에요.

유자야,
나 이것 좀 도와줘~.

나도 잘하지는
못하는데….

그래, 같이 해 보자!

이게 뭐야!
내 작품이 이상해졌잖아~.
이게 다 너 때문이야. 다시 돌려놔.

물에 빠진 놈 건져 놓으니까
내 봇짐 내놓으라고 한다더니 뭉식이 너무해!

표현력 물에 빠진 놈 건져 놓으니까 내 봇짐 내놓으라 한다 어떻게 쓰일까요?

(1) 태호에게 수영을 가르쳐 주다가 태호가 잠깐 물을 먹었는데 화를 내는 거야. 물에 **빠진 놈 건져 놓으니까 내 봇짐 내놓으라 한다**더니 어이가 없었어.

(2) 유이에게 아이스크림을 줬는데 그걸 먹고 배탈이 났다며 나한테 뭐라고 하는 거야. **물에 빠진 놈 건져 놓으니까 내 봇짐 내놓으라 한다**는 꼴이라니깐.

 어휘력 도움을 참고해 닮은 꼴 속담에 O, 닮지 않은 속담에 X 하세요.

(1) 머리털을 베어 신발을 삼다　　(　　　)

(2) 제 것 주고 되레 뺨 맞는다　　(　　　)

| 도움 | (1) 무슨 짓이든지 해서 은혜를 꼭 갚겠다는 뜻이에요. |
| | (2) 남에게 친절을 베풀었는데 물건이 하찮다고 오히려 뺨을 맞는다는 뜻이에요. |

 독해력 글을 읽고 느낀 점으로 가장 알맞은 말을 찾으세요.

하굣길에 비가 내려서 서현이 우산을 같이 쓰고 집에 오는데 자꾸 한쪽 어깨가 젖는 거야. 그래서 서현이한테 우산 좀 제대로 들라고 했더니 서현이가 물에 빠진 놈 건져 놓으니까 내 봇짐 내놓으라 한다며 화가 나서 집에 가 버렸어.

① 아무래도 서현이가 너무한 것 같아.

② 내일 서현이한테 우산 씌워 줘서 고마웠고, 생트집을 잡아서 미안하다고 할래.

믿는 도끼에 발등 찍힌다

 늘 사용하는 도끼라도 잘못하면 발등을 찍히고 말아요. 이 속담은 잘될 것이라고 생각했던 일이 실패하거나, 믿었던 사람의 배신으로 내가 손해를 입는다는 말이에요. 그렇기 때문에 믿음이 있더라도 항상 조심해야 해요.

비밀인데, 나는 가끔 보리가 미울 때가 있어.

보리 착한데~.

뭉식이, 너 나 미워한다며? 서운하다….

야, 유자 네가 말했어? 믿는 도끼에 발등 찍힌다더니!

다 같이 사이좋게 지내고 싶어서 그랬어….

표현력 믿는 도끼에 발등 찍힌다 어떻게 쓰일까요?

(1) 믿는 도끼에 발등 찍힌다고 준우가 내 비밀을 친구들에게 말하고 다녔대.

(2) 야옹이에게 얼마나 잘해 줬는데 야옹이가 나를 할퀸 거 있지. 믿는 도끼에 발등 찍혔어.

 어휘력 닮은 사자성어로, 도움을 참고해 알맞은 뜻을 찾아 줄로 이으세요.

(1) 지부작족(知斧斫足) •　　　• 은혜를 잊어버리고, 배신하는 것이다.

(2) 배은망덕(背恩忘德) •　　　• 믿는 도끼에 발등 찍힌다.

도움　(1) 知 스스로 자, 斧 도끼 부, 斫 밸 작, 足 발 족
　　　　 (2) 背 배반할 배, 恩 은혜 은, 忘 잊을 망, 德 덕 덕

 독해력 오늘 배운 속담과 어울리는 상황을 찾으세요.

① 믿었던 하은이가 내 우유를 몰래 가져가 먹었다.

② 동생에게 수학을 가르쳐 주었더니 잔소리가 심하다는 이야기를 들었다.

③ 서준이에게 책을 빌려 달라고 했는데 안 된다고 해서 서점에 가서 책을 샀다.

밑 빠진 독에 물 붓기

'독'은 항아리와 비슷한 그릇이에요. 아랫부분이 깨진 독은 아무리 물을 부어도 채울 수 없죠. 이 속담은 아무리 노력을 해도 보람이 없는 일을 말해요. 혹은 아무리 벌어도 쓸 곳이 많아 돈이 항상 모자라는 경우를 말하기도 하지요.

유자야,
이렇게 이렇게 하는 거야!

어떻게 하라고?
무서워 무서워~.

덜덜

덜덜

아무래도 밑 빠진 독에 물 붓기 같아.
나는 틀렸어.

털썩

아니야~. 나도 타는데
너도 탈 수 있어!

표현력 밑 빠진 독에 물 붓기 어떻게 쓰일까요?

(1) 밑 빠진 독에 물 붓기라고 오빠가 공부를 포기하려고 해서 부모님이 속상하셔.

(2) 요즘 계속 배가 고파서 먹어도 먹어도 배부르지 않아. 마치 밑 빠진 독에 물 붓기 같아.

 어휘력 닮은 꼴 속담으로, 도움을 참고해 둘 중 알맞은 말에 O 하세요.

(1) 시루에 (물 / 고기) 퍼붓기

(2) 한강에 (쓰레기 / 돌) 던지기

| 도움 | (1) 떡을 찌는 데 쓰는, 바닥에 구멍이 뚫려 있는 그릇인 '시루'에 물을 붓는다는 뜻이에요. |
| | (2) 아무리 한강에 돌을 던져도 그 효과가 작아 소용이 없다는 뜻이에요. |

 독해력 빈칸에 들어갈 말은 무엇일까요?

이삿짐 잘 싸고 있어?

아니,　　　 빠진 독에 물 붓기라고 짐을 상자에 넣어도 넣어도 채워지지 않는 것 같아.

① 위 　　　　　② 중간 　　　　　③ 밑

쓰기 능력 키우기

선을 따라 글자를 쓰면서 배운 내용을 익히세요.

목	마	른	∨	놈	이

∨ 우물 ∨ 판다

못	∨	먹	는

∨ 감 ∨ 찔러나 ∨ 본다

물	에	∨	빠	진

∨ 놈 ∨ 건져 ∨ 놓으니까 ∨

내 ∨ 봇짐 ∨ 내놓으라 ∨ 한다

믿는 ∨ 도끼에 ∨

발	등	∨	찍	힌	다

밑	∨	빠	진

∨ 독에 ∨ 물 ∨ 붓기

쉬어 가는 페이지

속담 공부하는 미로 찾기

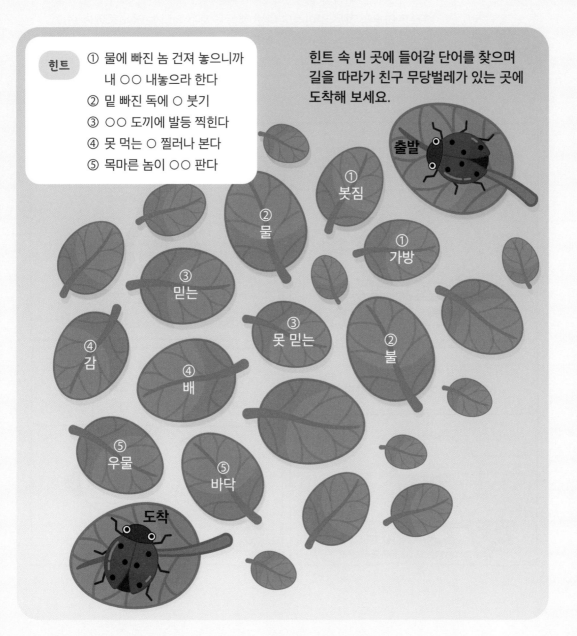

힌트

① 물에 빠진 놈 건져 놓으니까
내 ○○ 내놓으라 한다
② 밑 빠진 독에 ○ 붓기
③ ○○ 도끼에 발등 찍힌다
④ 못 먹는 ○ 찔러나 본다
⑤ 목마른 놈이 ○○ 판다

힌트 속 빈 곳에 들어갈 단어를 찾으며
길을 따라가 친구 무당벌레가 있는 곳에
도착해 보세요.

출발

① 봇짐

② 물

① 가방

③ 믿는

③ 못 믿는

② 불

④ 감

④ 배

⑤ 우물

⑤ 바닥

도착

바늘 도둑이 소도둑 된다

처음에는 작은 바늘을 훔치던 도둑이 나중에는 큰 소까지 훔치게 돼요. 이 속담은 아무리 작은 일이라도 나쁜 행동을 자주 하다 보면 나중에는 큰 죄를 저지르게 된다는 뜻이에요. 아무리 작은 나쁜 행동이라도 습관을 들이면 안 돼요.

물감이 부족하네.
유자 물감을 써야겠다.

어, 물감이 없어졌네!

뭐지?

뭐지?

물감이 또 부족하네.
유자 물감 한 번 더 써야겠다.

뭉식아, 지난번부터 네가 말없이
내 물감을 썼지! 너 그러다가
바늘 도둑이 소도둑 되는 거야.

머쓱

표현력 바늘 도둑이 소도둑 된다 어떻게 쓰일까요?

(1) 언니가 자꾸 내 과자를 몰래 먹길래 언니에게 **바늘 도둑이 소도둑 된다**고 말해 줬어.

(2) 준상이가 말없이 내 지우개를 가져가서 쓰길래 **바늘 도둑이 소도둑 된다**고 했어.

 어휘력 닮은 꼴 속담으로, 도움을 참고해 둘 중 알맞은 말에 O 하세요.

(1) 개가 겨를 먹다가 말경에는 (쌀 / 빵)을 먹는다

(2) 바늘 쌈지에서 (천사 / 도둑)이 난다

> **도움**
> (1) 개가 처음에는 곡식의 껍질인 '겨'를 훔쳐 먹다가 재미를 붙이게 되어 나중에는 쌀을 먹는다는 뜻이에요.
> (2) 바늘을 훔치던 사람이 계속 반복하다 보면 결국은 큰 죄를 저지른다는 뜻이에요.

 독해력 오늘 배운 속담을 말해 주면 좋은 친구의 이름을 써 보세요.

지유
책상 위에 있던 초콜릿이 없어졌어. 도대체 누가 가져간 거지? 누가 자꾸 내 책상 위 간식을 먹네.

다은
배가 너무 고픈데 지유 책상 위에 초콜릿이 있길래 먹었어. 지유한테는 나중에 말하지 뭐.

발 없는 말이 천 리 간다

발 없는 말은 사람끼리 주고받는 이야기를 말해요. 이 속담은 입에서 한 번 내뱉은 말은 발이 없지만 아주 멀리 천 리 밖까지 순식간에 퍼지기 마련이니 항상 말조심을 해야 한다는 뜻이에요.

수영 대회

1등이다!

내일 학교에 가면 이번 수영 대회에서 1등 했다고 자랑해야지~.

다음 날 얘들아, 뭉식이가 어제 수영 대회에서 1등을 했대.

우와! 정말?

뭉식아, 축하해! 수영 대회 1등 했다며!

고마워~. 그런데 너희 어떻게 알았어? 발 없는 말이 천 리 간다더니 소문이 진짜 빠르네.

헤헤

표현력 발 없는 말이 천 리 간다 어떻게 쓰일까요?

(1) 발 없는 말이 천 리 간다고 나 여자 친구 생긴 거 부산의 고모까지 알고 계셔.

(2) 발 없는 말이 천 리 간다고 동네 노래자랑에서 출연하라고 연락이 왔더라고.

 어휘력 닮은 꼴 속담으로, 도움을 참고해 이어질 말을 찾아 줄로 이으세요.

(1) 말은 한 번 나가면   •   • 사두마차라도 이를 잡지 못한다

(2) 소더러 한 말은 안 나도 •   • 처더러 한 말은 난다

> **도움**
> (1) 말은 한 번 내뱉으면 아무리 빠른 마차(사두마차)라도 잡지 못하고 퍼져 나간다는 뜻이에요.
> (2) 소에게 한 말은 소문이 안 나도 부인(처)에게 한 말은 소문이 난다는 뜻으로 가까운 사람이라도 말조심해야 한다는 뜻이에요.

 독해력 글을 읽고 느낀 점으로 가장 알맞은 말을 찾으세요.

오늘 내가 몰래 준영이한테 해수가 지각을 한 걸 보니 해수는 게으른 것 같다고 했어. 그런데 쉬는 시간에 해수가 나한테 오더니 발 없는 말이 천 리 간다고 하면서 함부로 게으르다는 말을 하지 말라는 거야. 도대체 해수가 어떻게 안 거지?

① 앞으로는 더 몰래 이야기를 해야겠어.

② 앞으로는 말조심해야지.

③ 앞으로는 준영이 말고 다른 친구한테 말해야겠어.

수요일

방귀 뀐 놈이 성낸다

 자기가 방귀를 뀌어 놓고 냄새가 난다며 다른 사람에게 화를 내고 큰소리를 치는 사람이 있어요. 이 속담은 잘못은 자기가 해 놓고, 반성은커녕 오히려 남에게 화를 내는 상황을 말해요.

뭉식아, 네 자전거 한 번만 탈게~.

그래!

 아아악!

 야, 너 때문에 넘어졌잖아!

 방귀 뀐 놈이 성낸다고 네가 넘어진 거잖아.

표현력 방귀 뀐 놈이 성낸다 어떻게 쓰일까요?

(1) 유진이가 방귀를 뀌더니 냄새가 난다고 화를 내는 거야. 방귀 뀐 놈이 성내더라고.

(2) 방귀 뀐 놈이 성낸다고 은호가 나무를 타다 미끄러지더니 말리지 않았다고 화를 내더라.

 어휘력 닮은 사자성어로, 도움을 참고해 알맞은 뜻을 찾아 줄로 이으세요.

(1) 적반하장(賊反荷杖) •   • 도둑이 오히려 몽둥이를 든다.

(2) 주객전도(主客顛倒) •   • 주인과 손님의 위치가 서로 뒤바뀐다.

도움
(1) 賊 도둑 적, 反 되돌릴 반, 荷 멜 하, 杖 몽둥이 장
(2) 主 주인 주, 客 손님 객, 顚 뒤집히다 전, 倒 거꾸로 도

 독해력 오늘 배운 속담을 알맞게 사용한 친구를 찾으세요.

서아
동생이 마시멜로를 먹고 싶다고 해서 구워 줬는데 동생이 그걸 떨어뜨렸어. 그런데 방귀 뀐 놈이 성낸다고 나 때문이라고 막 화를 내는 거야.

하린
앞에 걸어가던 하랑이 주머니에서 돈이 떨어져 내가 주워 줬는데 방귀 뀐 놈이 성낸다고 하랑이가 나한테 고맙다고 했어. 친구를 도와줘서 뿌듯해.

목요일 백지장도 맞들면 낫다

'백지장'은 하얀 종이 한 장을 말하며 가벼운 종이 한 장이라도 함께 들면 옮기기가 더 쉽다는 말이에요. 이 속담은 아무리 쉬운 일이라도 여럿이 힘을 합해서 하면 혼자 하는 것보다 훨씬 쉽고 많은 일을 할 수 있다는 뜻이에요.

요즘 부모님이 너무 피곤하신 것 같은데 방 청소를 해 놓을까?

좋아!

굿 아이디어!

반짝

반짝

백지장도 맞들면 낫다더니 우리 둘이 같이 청소하니까 금세 깨끗해졌어~.

오~. 유자, 속담도 사용할 줄 알고!

만세!

표현력 백지장도 맞들면 낫다 어떻게 쓰일까요?

(1) 아영아 나랑 책상 같이 들자. **백지장도 맞들면 낫다**고 하잖아!

(2) **백지장도 맞들면 낫다**고 수학 문제가 너무 어려웠는데 태오랑 머리를 맞대니 풀렸어.

 어휘력 도움을 참고해 닮은 꼴 속담에 O, 닮지 않은 속담에 X 하세요.

(1) 동냥자루도 마주 벌려야 들어간다　（　　　）

(2) 사람은 백지 한 장의 앞을 못 본다　（　　　）

> **도움**
>
> (1) '동냥'은 거지가 돌아다니면서 밥이나 돈을 달라는 것이고, '동냥자루'는 동냥한 물건을 넣는 자루예요. 자루에 물건을 넣을 때 마주 잡고 벌리면 더 쉽게 할 수 있다는 뜻이지요.
>
> (2) 종이 한 장에 불과한 방문을 사이에 두고 방 안의 사람은 문밖의 일을 모른다는 뜻으로 사람은 자기 앞일에 대해 한 치 앞도 알 수 없음을 말해요.

 독해력 오늘 배운 속담과 어울리는 상황을 찾으세요.

① 평소에 운동한다고 많이 걷는 편이야.

② 길을 걷다 무겁게 캐리어를 끌고 가시는 할머니의 캐리어를 함께 밀어 드렸어.

③ 할머니가 착하다고 말해 주셨는데 쑥스러워서 인사하고 얼른 도망쳤어.

금요일

벼 이삭은 익을수록 고개를 숙인다

벼가 익으면 이삭이 무거워져 고개를 숙이는데 이 모습이 마치 공손하게 인사하는 것처럼 보여요. 이 속담은 지식이 뛰어나고 훌륭한 사람일수록 겸손하고 남 앞에서 자기를 내세우지 않는다는 말이에요.

표현력 벼 이삭은 익을수록 고개를 숙인다 어떻게 쓰일까요?

(1) 구구단을 잘 외운다고 경은이에게 자랑했는데 **벼 이삭은 익을수록 고개를 숙인다**고 하더라.

(2) 동생이 영어를 배워서 자랑하길래 **벼 이삭은 익을수록 고개를 숙이는** 거라고 했어.

 어휘력 도움을 참고해 닮은 꼴 속담에 O, 닮지 않은 속담에 X 하세요.

(1) 빈 수레가 요란하다 　　　　　　　(　　)

(2) 병에 찬 물은 저어도 소리가 나지 않는다 　(　　)

도움	(1) 실속 없는 사람이 겉으로 더 떠들어 대는 걸 이르는 말이에요.
	(2) 깊은 학식이 있거나 실력이 좋은 사람은 아는 체 여기저기 떠들고 다니지 않는다는 말이에요.

독해력 빈칸에 들어갈 말은 무엇일까요?

우리 이모는 유명한 발레리나인데 자랑하고 다니질 않더라고. 나 같으면 매일 자랑할 텐데.

훌륭한 사람일수록 겸손한 거야. 벼 이삭은 익을수록 고개를 　　　　　 법이지.

① 드는　　　　② 돌리는　　　　③ 흔드는　　　　④ 숙이는

쓰기 능력 키우기

선을 따라 글자를 쓰면서 배운 내용을 익히세요.

바늘 ∨ 도둑이 ∨ | 소 | 도 | 둑 | ∨ | 된 | 다 |

발 ∨ 없는 ∨ 말이 ∨ | 천 | ∨ | 리 | ∨ | 간 | 다 |

방귀 ∨ | 뀐 | ∨ | 놈 | 이 | ∨ 성낸다

백지장도 ∨ | 맞 | 들 | 면 | ∨ | 낫 | 다 |

벼 ∨ 이삭은 ∨ 익을수록 ∨

| 고 | 개 | 를 | ∨ | 숙 | 인 | 다 |

쉬어 가는 페이지

속담 익히는 초성 퀴즈

초성을 보고 속담에 맞게 빈칸을 채우세요.

| ㅂ | 이삭은 익을수록 고개를 숙인다

| ㅂ | ㅈ | ㅈ | 도 맞들면 낫다

| ㅂ | ㄱ | 뀐 놈이 | ㅅ | 낸다

| ㅂ | 없는 | ㅁ | 이 천 리 간다

| ㅂ | ㄴ | 도둑이 | ㅅ | 도둑 된다

월요일 병 주고 약 준다

자기가 손해를 입혀 놓고 어루만지거나 약을 주며 도와주는 척하는 사람이 있어요. 겉과 속이 다른 사람이지요. 이 속담은 교활하고 음흉한 사람의 행동을 이를 때 사용하는 말이에요.

표현력 병 주고 약 준다 어떻게 쓰일까요?

(1) 그네를 세게 밀어 동생이 넘어져 위로해 줬는데 동생이 **병 주고 약 주**냐고 하더라.

(2) 오빠 간식을 뺏어 먹다가 오빠한테 간식을 다시 나눠 주니 **병 주고 약 주**냐고 그랬어.

 어휘력 도움을 참고해 닮은 꼴 속담에 O, 닮지 않은 속담에 X 하세요.

(1) 개똥도 약에 쓰려면 없다　　(　　　)

(2) 등 치고 배 만진다　　　　　(　　　)

| 도움 | (1) 평소에 흔하던 것도 막상 쓰려고 하면 없다는 뜻이에요. |
| | (2) 남의 등을 치고 나서 배를 만져 주며 그를 도와주는 척한다는 뜻이에요. |

 독해력 오늘 배운 속담을 말해 주면 좋은 친구의 이름을 써 보세요.

다은
예전에는 언니랑 많이 싸웠는데 요즘은 언니가 잘해 줘서 나도 언니한테 잘해 주고 있어.

수현
어제 나는 동생이 바닥에 놓은 장난감 때문에 넘어졌는데 동생이 괜찮냐고 와서 달래 주는 거야.

소 잃고 외양간 고친다

옛날에는 소가 중요한 동물이었는데 주인이 망가진 외양간을 고치지 않고 있다가 소가 도망가 버렸어요. 소를 잃고 나서 외양간을 고쳐 봤자 소용없죠. 이 속담은 일이 잘못된 뒤에는 손을 써도 소용이 없다는 말이에요. 후회하지 않도록 미리 준비하도록 해요.

유자, 아빠랑 식물에
물 잘 주기로 약속했지?

이제부터 잘 챙길게요!

소 잃고 외양간 고치고 있구나.
식물을 잘 키우는 뭉식이 줬다.

으아앙~.

표현력 소 잃고 외양간 고친다 어떻게 쓰일까요?

(1) 치과에 가야 하는 동생이 갑자기 양치질을 하는 거야. 소 잃고 외양간 고치는 격이지.

(2) 자전거를 잃어버렸는데 이제서야 자물쇠를 찾으니 언니가 소 잃고 외양간 고치냐고 했어.

 어휘력 닮은 사자성어로, 도움을 참고해 알맞은 뜻을 찾아 줄로 이으세요.

(1) 망우보뢰(亡牛補牢) •   • 소 잃고 외양간 고친다.

(2) 만시지탄(晚時之歎) •   • 시기가 늦어 기회를 놓친 것이 원통해서 탄식하다.

도움
(1) 亡 도망하다 망, 牛 소 우, 補 기울 보, 牢 우리 뢰
(2) 晚 늦을 만, 時 때 시, 之 갈 지, 歎 탄식할 탄

 독해력 대화를 읽고 밑줄 친 말과 바꿀 수 있는 말은 무엇일까요?

👤 하윤아, 아이스크림값 내야지.

👤 어떡해! 가방에 구멍이 나서 돈을 흘렸나 봐~. 진작 엄마한테 꿰매 달라고 할걸.

👤 어휴, <u>소 잃고 외양간 고치네.</u>

① 그래, 엄마한테 꿰매 달라고 하면 되지.

② 이미 잘못된 뒤에 손을 쓰면 늦는 거야.

수박 겉 핥기

수박을 쪼개지 않고 껍질만 핥으면 수박의 맛을 느낄 수 없어요. 이 속담은 사물의 속 내용은 모르면서 겉만 건드린다는 뜻이에요. 일을 차근차근히 하지 않고 건성으로 하는 건 어리석은 행동이에요.

뭉식아, 독후감 썼어?
난 아직 책 읽는 중이야.

나는 책 다 읽었어.

뭉식아, 독후감 빨리 내~.

책 내용이 생각 안 나서
다 못 썼어.

허둥

지둥

수박 겉 핥기로
읽었구먼.

표현력 수박 겉 핥기 어떻게 쓰일까요?

(1) 아무래도 시험공부를 수박 겉 핥기로 해서 망쳤나 봐.

(2) 수박 겉 핥기로 대충 코딩을 배웠더니 동생을 가르쳐 줄 수 없어.

 어휘력 닮은 꼴 속담으로, 도움을 참고해 둘 중 알맞은 말에 O 하세요.

(1) 거미줄로 (방귀 / 구름) 동이듯

(2) 개 (사료 / 머루) 먹듯

도움

(1) 지극히 약한 거미줄로 형체도 없는 방귀를 동여맨다는 뜻으로 일을 건성으로 한다는 말이에요.

(2) 개가 머루 맛도 모르고 먹어 치우듯 속 내용은 모르고 건성으로 아는 체를 한다는 뜻이에요.

 독해력 오늘 배운 속담을 통해 배운 점을 바르게 말한 친구를 찾으세요.

지아
구구단 시험을 봤는데 9단을 대충 외웠더니 역시 시험을 망쳤어. 아무래도 다시 차근차근 외워야 할 것 같아.

예준
나도 구구단 시험 망쳤어. 그런데 나는 10분만 더 시간이 있었으면 망치지 않았을 것 같아.

□   □

아니 땐 굴뚝에 연기 날까

'굴뚝'은 연기가 빠져나가는 곳으로, 아궁이에 불을 피우면 굴뚝에서 연기가 나요. 하지만 불을 때지 않으면 굴뚝에서 연기가 날 수 없죠. 이 속담은 원인이 없으면 결과도 없다는 뜻으로 결과에는 반드시 원인이 있다는 말이에요.

표현력 아니 땐 굴뚝에 연기 날까 어떻게 쓰일까요?

(1) 동생이 화장실에 다녀온 후 변기가 막혔는데 자꾸 발뺌하는 거야. **아니 땐 굴뚝에 연기 날까.**

(2) 눅눅하고 축축한 느낌이 들었는데 **아니 땐 굴뚝에 연기 날까** 소나기가 내리네.

 어휘력 닮은 꼴 속담으로, 도움을 참고해 이어질 말을 찾아 줄로 이으세요.

(1) 아니 때린 장구　　•　　　　　• 잎이 필까

(2) 뿌리 없는 나무에 •　　　　　• 북소리 날까

> **도움**
> (1) 치지 않은 장구나 북에서 소리가 나지 않는다는 말이에요.
> (2) 뿌리가 없는 나무에 잎이 생길 수 없다는 말이에요.

 독해력 오늘 배운 속담과 어울리는 상황을 찾으세요.

① 준상이는 약속에 늦어 놓고는 아무렇지도 않은 척 넘어가더라.

② 지우랑 준상이랑 사귄다는 소문이 있었는데 진짜였어.

③ 지우는 겉모습은 새침데기 같아 보여도 참 착해.

금요일 어물전 망신은 꼴뚜기가 시킨다

'어물전'은 생선 가게이고, '꼴뚜기'는 못생긴 생선이에요. 못난 꼴뚜기 때문에 생선들이 망신당한다는 이 속담은 행동이 못난 사람일수록 동료를 망신시킨다는 뜻이에요. 공공장소에서는 규칙과 예절을 지켜서 꼴불견인 사람이 되지 말도록 해요.

표현력 어물전 망신은 꼴뚜기가 시킨다 어떻게 쓰일까요?

(1) 어물전 망신은 꼴뚜기가 시킨다고 영화관에서 큰 소리로 전화하는 사람을 보았어.

(2) 친구랑 길을 가다가 휴지를 버리는 사람을 보았는데 어물전 망신은 꼴뚜기가 시킨다고 너무 창피했어.

 어휘력 도움을 참고해 닮은 꼴 속담에 O, 닮지 않은 속담에 X 하세요.

(1) 미꾸라지 한 마리가 온 웅덩이를 흐려 놓는다   (   )

(2) 망둥이가 뛰면 꼴뚜기도 뛴다   (   )

> 도움
>
> (1) 한 사람의 좋지 않은 행동이 그 집단 전체나 여러 사람에게 나쁜 영향을 미친다는 말이에요.
> (2) 남이 한다고 하니까 덩달아 나서거나 제 분수를 생각하지 않고 잘난 사람을 무작정 따라 하는 것을 말해요.

독해력 빈칸에 들어갈 말은 무엇일까요?

학교에서 박물관 견학을 갔는데 준우가 막 뛰어다니는 거야.

어물전 망신은 [   ] 가 시킨다더니, 너무 창피했겠다!

① 오징어   ② 문어   ③ 꼴뚜기   ④ 한치

쓰기 능력 키우기

선을 따라 글자를 쓰면서 배운 내용을 익히세요.

병 ∨ 주고 ∨ | 약 | ∨ | 준 | 다 |

소 ∨ 잃고 ∨ | 외 | 양 | 간 | ∨ | 고 | 친 | 다 |

| 수 | 박 | ∨ | 겉 | ∨ 핥기

| 아 | 니 | ∨ | 땐 | ∨ 굴뚝에 ∨ 연기 ∨ 날까

어물전 ∨ 망신은 ∨

| 꼴 | 뚜 | 기 | 가 | ∨ | 시 | 킨 | 다 |

쉬어 가는 페이지

배운 내용을 익히는 낱말 퍼즐

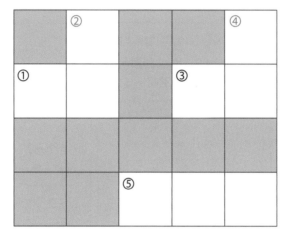

가로 열쇠

① 아니 땐 굴뚝에 ○○ 날까

③ 병 ○○ 약 준다

⑤ ○○○ 망신은 꼴뚜기가 시킨다

세로 열쇠

② 수박 겉 ○○

④ 소 ○○ 외양간 고친다

월요일 # 우물 안 개구리

 우물 안에서 사는 개구리는 우물 안이 세상의 전부인 줄 알아요. 이 속담은 넓은 세상의 형편을 알지 못하는 사람을 말해요. 내가 알고 있는 것이 전부라고 생각하지 말고 열린 마음으로 넓은 세상을 경험해요.

표현력 우물 안 개구리 어떻게 쓰일까요?

(1) 지수는 국어 시험만 1등을 했는데 엄청 잘난 척하는 거야. 우물 안 개구리라니까.

(2) 책으로 넓은 세상을 경험하면 우물 안 개구리가 되지 않을 수 있대.

 어휘력 닮은 사자성어로, 도움을 참고해 알맞은 뜻을 찾아 줄로 이으세요.

(1) 정저지와(井中之蛙) •   • 우물 안 개구리.

(2) 야랑자대(夜郎自大) •   • 야랑이 스스로 크다고 자부한다.

> **도움**
> (1) 井 우물 정, 中 밑 저, 之 갈 지, 蛙 개구리 와
> (2) 夜 밤 야, 郞 사내 랑, 自 스스로 자, 大 큰 대

 독해력 글을 읽고 오늘 배운 속담을 말해 주면 좋은 친구를 찾으세요.

우리 반 강준이와 민서는 축구를 자주 한다. 강준이는 우리 반 축구왕, 민서는 떠오르는 축구 샛별이다. 오늘 옆 반과 축구 시합이 있었는데 축구왕 강준이는 자신만만해서 우리 반이 당연히 이길 거라고 했다. 하지만 결과는 5:0으로 우리가 지고 말았다. 속상했다.

① 강준

② 민서

화요일

우물을 파도 한 우물을 파라

 옛날에는 물을 구하려면 땅을 파서 우물을 만들었어요. 하지만 땅을 여기 저기 조금씩만 파면 물이 나오지 않기에 한곳을 깊게 파야 해요. 이 속담은 한 가지 일을 끝까지 해야 성공할 수 있다는 말이에요.

표현력 우물을 파도 한 우물을 파라 어떻게 쓰일까요?

(1) 우물을 파도 한 우물을 파라고 바이올리니스트가 되기 위해 끝까지 배워 볼 생각이야.

(2) 이 책 저 책을 조금씩만 봤더니 아빠가 우물을 파도 한 우물을 파라고 하셨어.

 어휘력 닮은 꼴 속담으로, 도움을 참고해 둘 중 알맞은 말에 O 하세요.

(1) 십 년 적공이면 한 가지 (실패 / 성공)한다

(2) 쥐도 (한 / 여러) 구멍을 파야 수가 난다

도움	(1) 무슨 일이든지 오랫동안 꾸준히 노력하면 마침내는 성공하게 된다는 뜻이에요. (2) '수가 난다'는 가능성이 생긴다는 뜻으로 한 구멍을 파야 뭔가 이룰 수 있다는 말이에요.

 독해력 글을 읽고 느낀 점으로 가장 알맞은 말을 찾으세요.

나는 가수가 되고 싶어서 노래 학원에 다녔다가 소질이 없는 것 같아서 그만뒀다. 그리고 댄서가 되고 싶어서 댄스 학원에 다녔는데 그것도 소질이 없어서 그만뒀다. 아무래도 배우가 되고 싶어 연기 학원에 다녀야겠다고 하니 할아버지가 우물을 파도 한 우물만 파라고 하셨다.

① 연기에 소질이 없으면 이제 어떤 학원에 다녀야 할지 생각해 봐야겠다.

② 다시 잘 생각해서 끝까지 배우고 싶은 꿈을 정해야겠다.

수요일 원수는 외나무다리에서 만난다

사이가 좋지 않은 사람을 외나무다리에서 만나면 피할 곳이 없어 어쩔 수 없이 정면으로 마주해야 해요. 이 속담은 싫어하는 사람을 피할 수 없는 곳에서 반드시 다시 만나게 된다는 말이에요. 누군가와 좋지 않은 사이가 되지 않도록 해요.

표현력 원수는 외나무다리에서 만난다 어떻게 쓰일까요?

(1) 원수는 외나무다리에서 만난다고 하더니 어제 싸운 친구와 오늘 짝꿍이 되었어.

(2) 사이가 좋지 않은 친구가 있었는데 원수는 외나무다리에서 만난다고 또 같은 반이 되었어.

 어휘력 도움을 참고해 닮은 꼴 속담에 O, 닮지 않은 속담에 X 하세요.

(1) 은혜를 원수로 갚는다 　　　(　　)

(2) 외나무다리에서 만날 날이 있다 (　　)

> **도움**
> (1) 은혜에 보답해야 할 자리에 도리어 해를 끼친다는 뜻이에요.
> (2) 꺼리고 싫어하는 대상을 피할 수 없는 곳에서 만난다는 뜻이에요.

 독해력 오늘 배운 속담을 알맞게 사용한 친구를 찾으세요.

서아
준이가 무겁게 책을 들고 가길래 원수는 외나무다리에서 만난다고 내가 나눠서 들었어.

하린
원수는 외나무다리에서 만난다고 하더니 나한테 가장 장난을 많이 치는 현재와 짝꿍이 되었어.

원숭이도 나무에서 떨어진다

원숭이는 나무 타기의 달인이지만 원숭이도 실수해서 나무에서 떨어질 때가 있어요. 이 속담은 아무리 능숙하고 잘하는 사람이라도 이따금 실수할 때가 있다는 말이에요. 그러니 실수했다고 속상해하지 말고, 늘 노력하도록 해요.

표현력 원숭이도 나무에서 떨어진다 어떻게 쓰일까요?

(1) 달리기 대회에서 넘어져 꼴등을 했지만 원숭이도 나무에서 떨어질 때가 있는 법!

(2) 세호가 이번에 수학 시험 2등을 하다니, 원숭이도 나무에서 떨어질 때가 있네.

 어휘력 닮은 꼴 속담으로, 도움을 참고해 이어질 말을 찾아 줄로 이으세요.

(1) 나무 잘 타는 잔나비 •   • 떨어지는 날이 있다

(2) 닭도 홰에서 •   • 나무에서 떨어진다

> **도움**
> (1) '잔나비'는 원숭이를 뜻하는 사투리예요. 이 속담은 원숭이도 나무에서 떨어진 다는 속담을 좀 더 길게 표현한 것이에요.
> (2) '홰'는 닭장 속에 닭이 올라앉게 놓은 나무 막대를 말해요. 하루에도 수십 번씩 홰에 오르는 닭도 실수로 떨어질 때가 있음을 말해요.

 독해력 오늘 배운 속담과 어울리는 상황을 찾으세요.

① 해준이는 한번 책을 읽기 시작하면 끝까지 읽어.

② 피아노 연주를 틀린 적이 없는 서아가 오늘 처음 피아노 연주를 틀리는 걸 보았어.

③ 이준이는 자기가 세상에서 음식을 제일 잘 먹는다고 해.

금요일

입에 쓴 약이 병을 고친다

몸에 좋은 약은 써서 먹기 힘들지만 병을 고칠 수 있어요. 이 속담은 기분이 좋지 않더라도 충고를 잘 받아들이면 내 잘못을 바로잡아 주거나 내게 많은 도움을 줄 수 있다는 뜻이에요.

유자야, 음식은 꼭꼭 씹어 먹어야지. 체한다.

편식하지 마라~

으으...

한 번에 너무 많이 먹지 마라.

제가 알아서 잘 먹을게요~.

아, 배 아파.

유자야, 입에 쓴 약이 병을 고친다고 앞으로는 엄마 말 잘 들어~.

표현력 입에 쓴 약이 병을 고친다 어떻게 쓰일까요?

(1) 입에 쓴 약이 병을 고친다고 부모님의 말씀은 나를 위해 해 주시는 말이니 잘 들어야겠어.

(2) 입에 쓴 약이 병을 고친다고 아빠가 가르쳐 주신 수영법으로 해 보니 수영 실력이 늘었어!

 어휘력 도움을 참고해 닮은 꼴 속담에 O, 닮지 않은 속담에 X 하세요.

(1) 약방에 감초   (   )

(2) 단 말은 병이 되고 쓴 말은 약이 된다   (   )

> 도움
>
> (1) 한약에는 '감초'라는 약의 재료가 들어가는 경우가 많기에 어떤 일에나 빠짐없이 끼는 사람이나 물건을 이르는 말이에요.
>
> (2) 듣기 좋게 하는 말 가운데는 거짓으로 기분 좋게 해 주는 말이 많으니 조심해야 하고, 듣기 싫은 말 가운데는 충고하는 말이 많으니 받아들여야 한다는 뜻이에요.

 독해력 대화를 읽고 밑줄 친 말과 바꿀 수 있는 말은 무엇일까요?

👤 민준아, 먹기만 하고 운동하지 않으면 키가 크지 않아.

👤 엄마는 잔소리가 너무 심해요.

한 달 후,

👤 엄마, 저 살이 너무 쪘어요.

👤 그러길래 입에 쓴 약이 병을 고치는 거야.

① 살 빠지는 약을 먹어야겠다.

② 엄마 잔소리는 다 널 위해서 하는 말이었어.

쓰기 능력 키우기

선을 따라 글자를 쓰면서 배운 내용을 익히세요.

| 우 | 물 | ∨ | 안 | ∨ 개구리 |

| 우 | 물 | 을 | ∨ | 파 | 도 | ∨ 한 ∨ 우물을 ∨ 파라 |

| 원 | 수 | 는 | ∨ | 외 | 나 | 무 | 다리에서 ∨ 만난다 |

원숭이도 ∨ 나무에서 ∨ | 떨 | 어 | 진 | 다 |

| 입 | 에 | ∨ | 쓴 | ∨ 약이 ∨ 병을 ∨ 고친다 |

속담 공부하는 미로 찾기

힌트 속 빈 곳에 들어갈 단어를 찾으며
길을 따라가 고슴도치 친구에게
도착해 보세요.

힌트
① 입에 쓴 약이 ○을 고친다
② 원숭이도 ○○에서 떨어진다
③ 원수는 외나무○○에서 만난다
④ 우물을 파도 한 ○○을 파라
⑤ 우물 안 ○○○

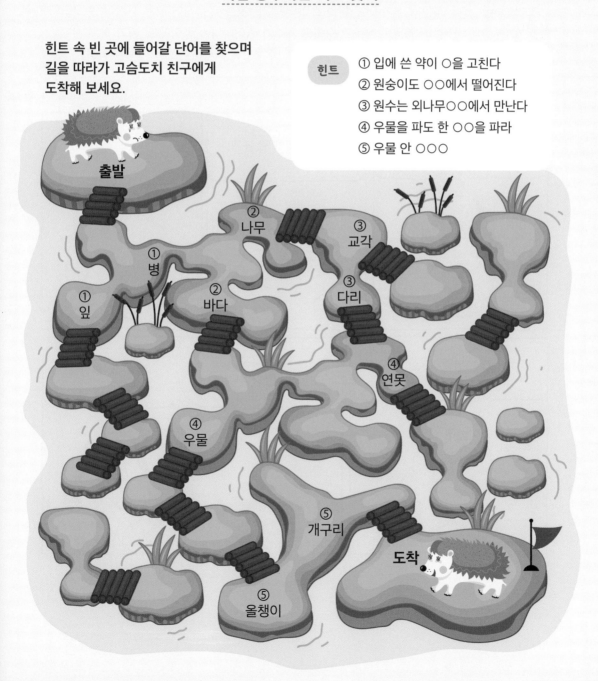

출발

② 나무
① 병
③ 교각
① 잎
② 바다
③ 다리
④ 연못
④ 우물
⑤ 개구리
도착
⑤ 올챙이

작은 고추가 더 맵다

작은 고추가 더 단단하고 야무지다는 뜻으로 몸집이 작은 사람이 큰 사람보다 행동도 빠르고 오히려 재주가 뛰어나다는 말이에요. 키가 작은 친구라고 함부로 무시하면 안 돼요. 이 세상에 무시해도 되는 사람은 없어요.

표현력 작은 고추가 더 맵다 어떻게 쓰일까요?

(1) 달리기 대회에서 키가 가장 작은 선수가 금메달을 땄어! 작은 고추가 더 매운 법이야.

(2) 주말에 가족과 등산을 갔는데 작은 고추가 더 맵다고 내 동생이 산을 가장 잘 타지 뭐야.

 어휘력 닮은 꼴 속담으로, 도움을 참고해 둘 중 알맞은 말에 O 하세요.

(1) 제비는 (작아도 / 커도) 강남을 간다

(2) 거미는 작아도 줄만 잘 (친다 / 못 친다)

> **도움**
> (1) 제비처럼 작은 새도 멀리 강남까지 날아갈 수 있다는 뜻이에요.
> (2) 크기는 작아도 자기 할 일은 다 한다는 뜻이에요.

 독해력 오늘 배운 속담을 말해 주면 좋은 친구의 이름을 써 보세요.

아린
우리 반에서 제일 키가 작은 서아랑 팔씨름을 했는데 서아가 나를 가뿐하게 이겼어.

인성
우리 반에서 제일 키가 큰 아린이랑 팔씨름을 했는데 역시 내가 졌어. 운동을 더욱 열심히 해야지.

쥐구멍에도 볕 들 날 있다

쥐들이 다니는 쥐구멍은 크기가 작고 구석진 곳에 있어서 볕이 잘 들지 않지만 햇볕이 드는 날도 있어요. 이 속담은 아무리 힘들고 어려운 처지인 사람에게도 언젠가는 좋은 날이 온다는 뜻이에요.

난 안 되는 것 같아.
절대 골이 들어가질 않아.

뭉식아, 포기하지 마!

일주일 후

연습 중!

한 달 후

골이다!

그것 봐,
쥐구멍에도
볕 들 날 있다고!

표현력 쥐구멍에도 볕 들 날 있다 어떻게 쓰일까요?

(1) 한자 시험에 또 떨어졌지만 **쥐구멍에도 볕 들 날 있다**고 하니 포기하지 않을 거야!

(2) 어렸을 때는 가난했지만 열심히 노력해서 부자가 된 사람의 이야기를 읽었어. 나는 **쥐구멍에도 볕 들 날 있다**는 말을 믿어.

 어휘력 닮거나 닮지 않은 사자성어로, 알맞은 뜻을 찾아 줄로 이으세요.

(1) 고진감래(苦盡甘來) •   • 즐거운 일이 지나가면 슬픈 일이 닥쳐온다.

(2) 흥진비래(興盡悲來) •   • 쓴 것이 다하면 단 것이 온다.

> **도움**
> (1) 苦 쓸 고, 盡 다할 진, 甘 달 감, 來 올 래
> (2) 興 흥할 흥, 盡 다할 진, 悲 슬플 비, 來 올 래

 독해력 글을 읽고 느낀 점으로 가장 알맞은 말을 찾으세요.

> 몸이 약한 삼촌은 어렸을 때 많이 아팠대. 하지만 운동을 열심히 하더니 얼마 전에 피트니스 대회에 나가 1등을 해서 우리 가족 모두 삼촌을 축하해 줬어. 아빠는 쥐구멍에도 볕 들 날이 있다고 했어.

① 삼촌은 힘들게 저렇게까지 해야 했을까 생각했어.

② 어려움이 있어도 반드시 좋은 날이 오니 무엇이든 포기하지 말자고 생각했어.

지렁이도 밟으면 꿈틀한다

지렁이도 살아 있는 동물이라 밟으면 고통에 꿈틀거려요. 이 속담은 순하게 보이는 좋은 사람이라도 낮추어 보면 가만있지 않는다는 말이에요. 그러니까 나보다 약해 보인다고 함부로 놀리거나 얕보면 안 돼요.

보리야, 내가 너무 급해서 그러는데 양보해 줄 수 있어?

나도 급하긴 한데…. 알았어.

다음 날

보리는 착하니까 또 양보해 주겠지?

보리야, 내가 너무 급해서 그러는데 양보…

지렁이도 밟으면 꿈틀한다고, 너 하나도 급하지 않잖아! 더 이상 양보하지 않을 거야.

표현력 지렁이도 밟으면 꿈틀한다 어떻게 쓰일까요?

(1) 동생에게 장난을 쳤더니 **지렁이도 밟으면 꿈틀한다**고 갑자기 동생이 화를 냈어.

(2) 친구의 지우개를 매일 빌렸는데 **지렁이도 밟으면 꿈틀한다**고 이제 친구가 그만 빌려주겠대.

 어휘력 닮은 꼴 속담으로, 도움을 참고해 이어질 말을 찾아 줄로 이으세요.

(1) 쥐도 궁지에 몰리면 •   • 고양이를 문다

(2) 참새가 죽어도 •   • 짹 한다

| 도움 | (1) 고양이보다 약자라고 생각하는 쥐도 위기에 처하면 고양이를 물 수 있다는 말이에요. |
| | (2) 아무리 약한 참새라도 너무 괴롭히면 짹 소리를 내며 대항한다는 말이에요. |

 독해력 오늘 배운 속담을 알맞게 사용한 친구를 찾으세요.

지아
춤을 잘 추는 오빠가 실수를 하길래 지렁이도 밟으면 꿈틀한다고 했어.

예준
형이 자꾸 괴롭히길래 지렁이도 밟으면 꿈틀한다고 화를 냈어.

□   □

목요일

콩 심은 데 콩 나고 팥 심은 데 팥 난다

콩 심은 곳에 콩이 자라고, 팥 심은 곳에 팥이 자라는 것은 당연하지요. 이 속담은 모든 일은 원인에 따라 거기에 맞는 결과가 나타난다는 뜻이에요. 노력하면 노력한 만큼 결과가 나오니 뭐든 열심히 하기로 해요.

유자, 일기 너무 잘 썼어요.

유자야, 너처럼 일기 쓰기를 잘하려면 어떻게 해야 해?

글쎄… 책을 많이 읽어서 그런 것 같아.

한 달에 몇 권 읽는데?

일주일에 한 권은 꼭 읽어!

역시 콩 심은 데 콩 나고 팥 심은 데 팥 나는 거였어.

그게 무슨 말이야?

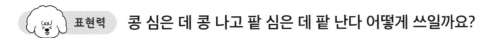 **표현력** 콩 심은 데 콩 나고 팥 심은 데 팥 난다 어떻게 쓰일까요?

(1) **콩 심은 데 콩 나고 팥 심은 데 팥 난다**고 공부를 안 했는데 시험을 잘 보길 바라지 말자.

(2) 매일 줄넘기를 열심히 했더니 **콩 심은 데 콩 나고 팥 심은 데 팥 난다**고 줄넘기 왕이 됐어.

어휘력 도움을 참고해 닮은 꼴 속담에 O, 닮지 않은 속담에 X 하세요.

(1) 콩 심어라 팥 심어라 한다   (   )

(2) 배나무에 배 열리지 감 안 열린다   (   )

> **도움**
> (1) 대수롭지 않은 일을 가지고 지나칠 정도로 옳고 그름을 가려 간섭한다는 뜻이에요.
> (2) 모든 일은 근본에 따라 거기에 걸맞은 결과가 나타난다는 뜻이에요.

독해력 오늘 배운 속담과 어울리는 상황을 찾으세요.

① 나는 원래 운동 신경이 좋아서 농구, 축구를 잘해.

② 맞춤법 공부를 열심히 했더니 받아쓰기를 100점 맞았어.

③ 준비물을 다 챙겼다고 생각하고 학교에 왔는데 필통을 가져오지 않았어.

콩으로 메주를 쑨다 해도 곧이 안 믿는다

된장, 고추장을 만드는 재료인 메주는 콩으로 만드는데 거짓말을 얼마나 자주 하면 이 사실을 믿지 않을까요? 이 속담은 거짓말을 자주 해서 아무리 사실을 말해도 믿지 않을 때 사용해요.

표현력 콩으로 메주를 쑨다 해도 곧이 안 믿는다 어떻게 쓰일까요?

(1) 운동을 할 거라고 친구에게 여러 번 말했더니 이제 친구가 콩으로 메주를 쑨다 해도 곧이 안 믿을 거래.

(2) 아빠에게 벌레가 있다고 장난을 치다가 진짜 벌레가 나타나서 말했는데 아빠가 콩으로 메주를 쑨다 해도 곧이 안 믿는다고 하셔서 난감했어.

 어휘력 도움을 참고해 닮은 꼴 속담에 O, 닮지 않은 속담에 X 하세요.

(1) 소금으로 장을 담근다 해도 곧이듣지 않는다　　（　　　）

(2) 팥으로 메주를 쑨다 해도 곧이 믿는다　　　　　（　　　）

> **도움**
> (1) 아무리 사실대로 말해도 믿지 아니함을 말해요.
> (2) 평소에 믿음을 주는 사람은 거짓말을 해도 다른 사람들이 그 말을 믿는다는 뜻이에요.

 독해력 빈칸에 들어갈 말은 무엇일까요?

이번 달부터는 정말로 한 달에 책 한 권씩 읽으려고.

너 1월부터 6월까지 매달 그 얘기를 한 것 같은데, 나는 이제 네가 콩으로 　　　 를 쑨다 해도 곧이 안 믿어.

① 간장　　　　② 고추장　　　　③ 메주

주

쓰기 능력 키우기

선을 따라 글자를 쓰면서 배운 내용을 익히세요.

| 작 | 은 | ∨ | 고 | 추 | 가 | ∨ 더 ∨ 맵다 |

쥐구멍에도 ∨ 볕 ∨ 들 ∨

| 날 | ∨ | 있 | 다 |

| 지 | 렁 | 이 | 도 | ∨ | 밟 | 으 | 면 | ∨ 꿈틀한다 |

| 콩 | ∨ | 심 | 은 | ∨ | 데 | ∨ 콩 ∨ 나고 |

∨ 팥 ∨ 심은 ∨ 데 ∨ 팥 ∨ 난다

콩으로 ∨ 메주를 ∨ 쑨다 ∨ 해도 ∨ 곧이 ∨

| 안 | ∨ | 믿 | 는 | 다 |

122

속담 익히는 초성 퀴즈

초성을 보고 속담에 맞게 빈칸을 채우세요.

ㅋ 으로 메주를 쑨다 해도 곧이 안 믿는다

콩 심은 데 콩 나고 ㅍ 심는 데 ㅍ 난다

지렁이도 밟으면 ㄲ ㅌ 한다

쥐구멍에도 ㅂ 들 날 있다

작은 고추가 더 ㅁ ㄷ

123

티끌 모아 태산

'티끌'은 아주 작은 먼지고, '태산'은 엄청나게 큰 산이에요. 먼지처럼 작은 것이라도 모으면 태산처럼 큰 덩어리가 된다는 뜻으로, 이 속담은 차근차근하면 어떤 일이든 이룰 수 있다는 뜻이에요.

표현력 티끌 모아 태산 어떻게 쓰일까요?

(1) **티끌 모아 태산**이라고 세숫물을 모아서 청소를 하면 물을 절약할 수 있대.

(2) **티끌 모아 태산**이라고 동생은 작은 용돈을 모아 사고 싶었던 장난감을 샀어.

 어휘력 닮은 꼴 속담으로, 도움을 참고해 둘 중 알맞은 말에 O 하세요.

(1) (모래알 / 자갈)도 모으면 산이 된다

(2) 실도랑이 모여 (시냇물 / 대동강)이 된다

> **도움**
> (1) 아무리 작은 모래알이라도 모이고 모이면 나중에 큰 산이 된다는 뜻이에요.
> (2) '실도랑'은 매우 좁고 작은 개울이고 '대동강'은 평안남도에 있는 아주 큰 강이에요. 이 속담은 작은 개울이 모여 큰 강을 이룬다는 뜻이에요.

 독해력 오늘 배운 속담을 말해 주면 좋은 친구의 이름을 써 보세요.

서윤
용돈 100원씩을 모아서 읽고 싶었던 책을 샀어.

재석
100원짜리 사탕을 매일 사 먹었더니 용돈을 금세 다 썼어.

하늘이 무너져도 솟아날 구멍이 있다

하늘이 무너져도 빠져나갈 구멍이 있다는 말로 아무리 어려운 상황에 부딪히더라도 그것을 벗어날 길은 분명히 있다는 뜻이에요. 어려운 일이 있어도 희망은 반드시 있으니 포기하지 말고 해결할 방법을 찾도록 해요.

표현력 하늘이 무너져도 솟아날 구멍이 있다 어떻게 쓰일까요?

(1) 비밀 상자 열쇠가 없어졌는데 하늘이 무너져도 솟아날 구멍이 있다고 엄마가 찾아 주셨어.

(2) 줄넘기를 가져오지 못했는데 하늘이 무너져도 솟아날 구멍이 있다고 비가 내려 체육을 하지 않았어.

 어휘력 닮은 꼴 속담으로, 도움을 참고해 이어질 말을 찾아 줄로 이으세요.

(1) 사람이 죽으란 •   • 살 약이 있다

(2) 죽을병에도 •   • 법은 없다

> **도움**
> (1) 아무리 어려운 경우에 처하더라도 살아 나갈 방법이 생긴다는 말이에요.
> (2) 어떠한 곤경에서도 희망은 있는 것이니 낙심하지 말라는 말이에요.

 독해력 대화를 읽고 밑줄 친 말과 바꿀 수 있는 말은 무엇일까요?

👤 혹시 이 메모에 적힌 주소가 어딘지 알아요? 계속 헤매고 있어서요.

👤 아, 여기 알아요! 제가 안내해 드릴게요.

👤 고마워요! 하늘이 무너져도 솟아날 구멍이 있군요.

① 하늘이 무너져 내리는 줄 알았어요.

② 어려운 일이 있어도 희망은 반드시 있는 것 같아요.

수요일

하룻강아지 범 무서운 줄 모른다

 태어난 지 얼마 안 된 어린 강아지는 호랑이가 얼마나 무서운지 몰라요. 이 속담은 철없이 아무것도 모르는 사람이 자기 분수를 모르고 함부로 상대에게 덤비는 상황을 말해요.

유자야, 나랑 속담 겨루기 할래?

그래, 하룻강아지 범 무서운 줄 모르다니. 내가 책을 얼마나 많이 읽는데!

으쓱   으쓱

가까이 있어 오히려 알기 어렵다는 의미로 '등잔'이 들어가는 속담은?!

정답! 등잔 밑이 어둡다!

오! 보리~.

표현력 하룻강아지 범 무서운 줄 모른다 어떻게 쓰일까요?

(1) 할아버지에게 바둑을 두자고 했는데 **하룻강아지 범 무서운 줄 모른다**고 하시더라.

(2) **하룻강아지 범 무서운 줄 모른다**고 동생이 나한테 팔씨름을 하자고 하는 거야.

 어휘력 닮은 사자성어로, 도움을 참고해 알맞은 뜻을 찾아 줄로 이으세요.

(1) 당랑거철(螳螂拒轍) •

(2) 구상유취(口尙乳臭) •

　　　　　• 입에서 아직 젖내가 난다는 뜻으로 상대를 얕본다.

　　　　　• 사마귀가 수레바퀴를 막는다고, 자기 힘을 헤아리지 않고 강자에게 함부로 덤빈다.

> **도움**
> (1) 螳 사마귀 당, 螂 사마귀 랑, 拒 막을 거, 轍 바퀴 자국 철
> (2) 口 입 구, 尙 아직 상, 乳 젖 유, 臭 냄새 취

 독해력 글을 읽고 느낀 점으로 가장 알맞은 말을 찾으세요.

경은이가 발레를 먼저 시작하긴 했어도 내가 더 잘한다고 생각했어. 그래서 발레 콩쿠르도 내가 나갈 수 있을 거라 경은이에게 큰소리를 쳤지. 하지만 경은이가 콩쿠르에 나가게 되었고, 경은이는 나보고 하룻강아지 범 무서운 줄 모른다고 했어.

① 아무래도 분하고 억울해!

② 왜 경은이가 뽑힌 걸까? 이해가 되지 않아.

③ 무조건 덤빈다고 용기 있는 행동은 아니니 좀 더 발레 연습을 열심히 해야겠어.

호랑이도 제 말 하면 온다

깊은 산에 있는 호랑이도 자기 이야기를 하면 온다는 뜻이에요. 이 속담은 어떤 사람에 대해 이야기하는데 그 사람이 나타나는 상황으로 그 자리에 없다고 남을 흉봐서는 안 된다는 말이에요.

보리가 말이야.
과학 실험을 잘하더라고.

맞아, 맞아.

얘들아~. 나왔어!
너희들 왜 놀라? 내 욕하고 있었어?

찌릿

호랑이도 제 말 하면
온다더니!

헉!

아니 아니~. 너 과학 실험
잘한다고 얘기하고 있었어.

아아~. 우리 같이
과학 실험해 볼까?

표현력 호랑이도 제 말 하면 온다 어떻게 쓰일까요?

(1) **호랑이도 제 말 하면 온다**고 형이랑 동생 얘기를 하는데 갑자기 동생이 나타났어.

(2) 태랑이가 약속 시간에 늦어서 투덜거리고 있었는데 **호랑이도 제 말 하면 온다**고 그제야 나타나더라고.

 어휘력 도움을 참고해 닮은 꼴 속담에 O, 닮지 않은 속담에 X 하세요.

(1) 호랑이에게 물려 가도 정신만 차리면 산다   (   )

(2) 까마귀 제 소리 하면 온다   (   )

> 도움
> (1) 아무리 위급한 경우를 당하더라도 정신만 똑똑히 차리면 위기를 벗어날 수가 있다는 말이에요.
> (2) 다른 사람에 관한 이야기를 하는데 갑자기 그 사람이 나타나는 경우를 이르는 말이에요.

 독해력 오늘 배운 속담과 어울리는 상황을 찾으세요.

① 소풍 가는 날을 기대하고 있었는데 비가 내려서 가지 못했어.

② 동생은 용돈을 조금씩 모으더니 아빠 생일에 케이크를 사더라고.

③ 하준이랑 놀이터에서 그네를 타며 지안이 이야기를 했는데 갑자기 지안이가 나타났어.

호박이 넝쿨째로 굴러떨어졌다

호박은 열매와 잎을 모두 먹을 수 있는, 버릴 것이 없는 채소예요. 이런 호박이 넝쿨째 들어왔다니 얼마나 좋겠어요. 이 속담은 뜻밖에 좋은 일이 생기거나 좋은 물건을 얻었다는 말이에요.

표현력 호박이 넝쿨째로 굴러떨어졌다 어떻게 쓰일까요?

(1) 식당에서 서비스로 메뉴를 하나 더 주셨어. 호박이 넝쿨째로 굴러떨어진 거지.

(2) 호박이 넝쿨째로 굴러떨어진다고 문방구에 갔다가 경품에 당첨됐어.

 어휘력 닮은 꼴 속담으로, 도움을 참고해 둘 중 알맞은 말에 O 하세요.

(1) 하늘에서 떨어진 (똥 / 복)

(2) 호박이 떨어져서 (장독 / 도랑)으로 굴러 들어간다

도움	(1) 복이 떨어지는 뜻밖의 횡재나 행운을 이르는 말이에요.
	(2) 뜻밖의 이익이 되는 일이 생겨서 그것이 저절로 장독 안으로 들어간다는 뜻이에요.

 독해력 오늘 배운 속담을 알맞게 사용한 친구를 찾으세요.

지아
영화를 보는데 무서운 장면이 호박이 넝쿨째로 굴러떨어져서 얼마나 떨었는지 몰라.

예준
오늘 치킨을 주문했더니 첫 번째 손님이라고 주스를 서비스로 주셨어. 호박이 넝쿨째로 굴러떨어졌지.

쓰기 능력 키우기

선을 따라 글자를 쓰면서 배운 내용을 익히세요.

티끌 ∨ | 모 | 아 | ∨ | 태 | 산 |

하늘이 ∨ 무너져도 ∨ 솟아날 ∨ | 구 | 멍 | 이 | ∨ | 있 | 다 |

| 하 | 룻 | 강 | 아 | 지 | ∨ | 범 |

∨ 무서운 ∨ 줄 ∨ 모른다

호랑이도 ∨ | 제 | ∨ | 말 | ∨ | 하 | 면 | ∨ 온다

호박이 ∨ 넝쿨째로 ∨ | 굴 | 러 | 떨 | 어 | 졌 | 다 |

쉬어 가는 페이지

배운 내용을 익히는 낱말 퍼즐

①①			②②			
					③	

가로 열쇠
① ○○이 넝쿨째로 굴러떨어졌다
② 하늘이 ○○○○ 솟아날 구멍이 있다
③ ○○ 모아 태산

세로 열쇠
① ○○○도 제 말 하면 온다
② 하룻강아지 범 ○○○ 줄 모른다

135

놀면서 배우는
초등 필수 속담

초판 1쇄 발행 2022년 11월 18일

감수 하유정
지은이 초등국어연구소
그린이 유희수
펴낸이 민혜영
펴낸곳 (주)카시오페아 출판사
주소 서울시 마포구 월드컵로 14길 56, 2층
전화 02-303-5580 | **팩스** 02-2179-8768
홈페이지 www.cassiopeiabook.com | **전자우편** editor@cassiopeiabook.com
출판등록 2012년 12월 27일 제2014-000277호
책임편집 최유진, 오희라 | **외주디자인** 산타클로스
편집1 최유진, 오희라 | **편집2** 이수민, 양다은 | **디자인** 이성희, 최예슬
마케팅 허경아, 홍수연, 이서우, 이애주, 이은희

ISBN 979-11-6827-078-7 63710